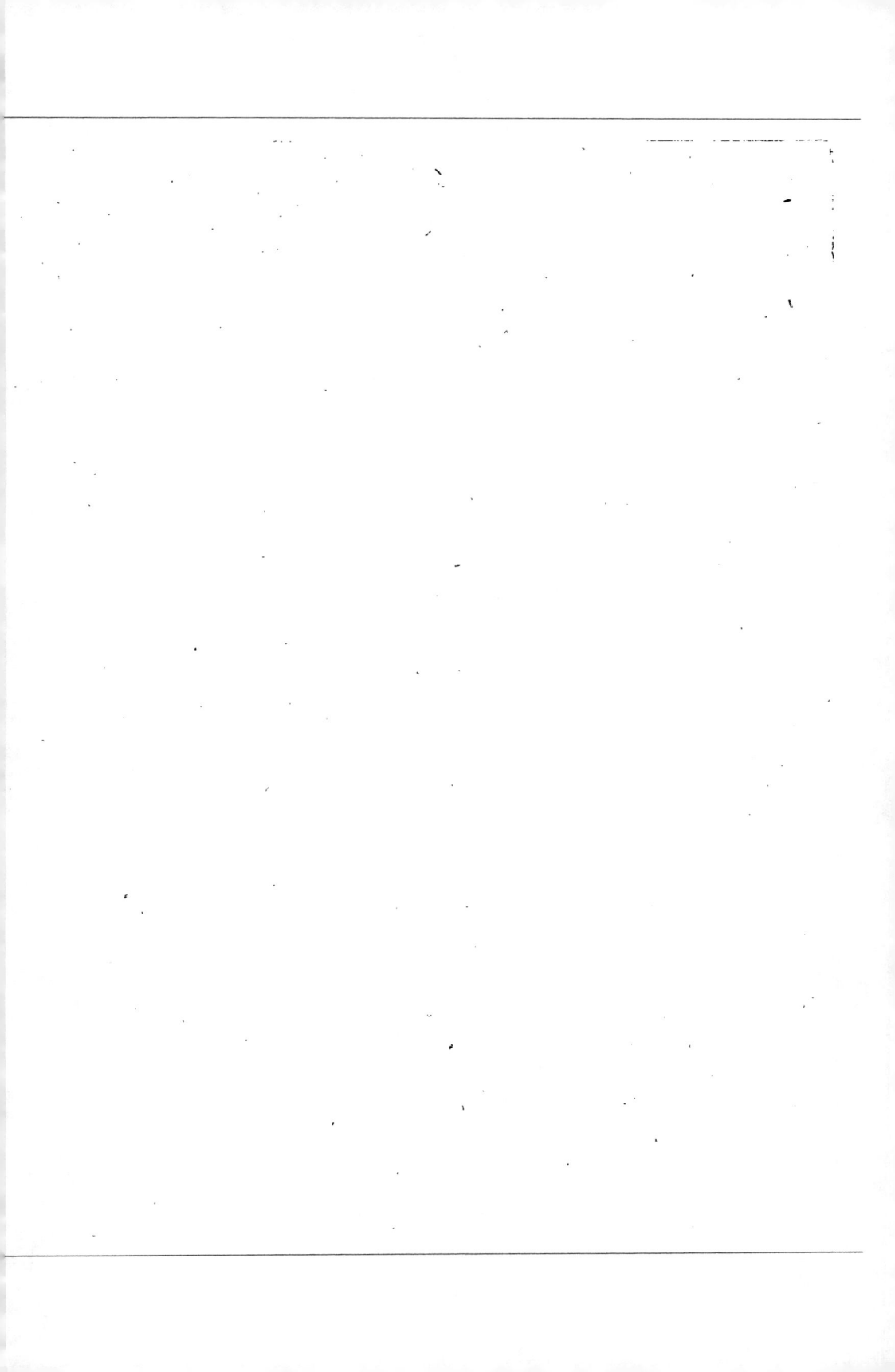

ORDONNANCE DU ROI, (Louis XVI)

CONCERNANT

LA RÉGIE ET ADMINISTRATION
générale & particulière des Ports
& Arfenaux de Marine.

Du 27 Septembre 1776.

A PARIS,

DE L'IMPRIMERIE ROYALE.

M. DCCLXXVI.

TABLE DES TITRES

Contenus dans cette Ordonnance.

ORDONNANCE

ORDONNANCE

DU ROI,

Concernant la Régie & Administration générale & particulière des Ports & Arsenaux de Marine.

Du 27 Septembre 1776.

DE PAR LE ROI.

SA MAJESTÉ s'étant fait représenter l'Ordonnance du 15 Avril 1689, *pour les Arsenaux de Marine;* celle du 25 Mars 1765, *concernant la Marine;* & son Ordonnance du 8 Novembre 1774, *pour régler provisoirement ce qui seroit observé dans les différentes parties du service des Ports:* Et s'étant assurée que les Officiers de sa Marine ont acquis

A

depuis plusieurs années, par la nouvelle forme donnée à leur éducation militaire, la théorie de l'Architecture navale & les connoissances nécessaires pour bien diriger la Construction, le Gréement & l'Équipement des Vaisseaux : Elle a reconnu la nécessité de faire divers changemens à l'ancienne Constitution de sa Marine. Cette Constitution, qui n'admettoit les Officiers Militaires à aucun détail dans les Arsenaux, étoit propre sans doute aux temps où elle fut adoptée; mais Sa Majesté a jugé qu'elle ne pourroit être maintenue dans son entier, sans renoncer aux avantages qui doivent résulter pour la perfection des Ouvrages & pour l'économie, tant des lumières & des talens desdits Officiers, que de l'intérêt qui lie essentiellement leur propre gloire au succès des opérations mécaniques des Ports, & à la conservation des Forces navales. En conséquence, Sa Majesté s'est déterminée à confier aux Officiers militaires de sa Marine, la direction des travaux relatifs à la Construction, au Gréement & à l'Équipement de ses Vaisseaux : Et voulant régler définitivement les fonctions que, par son Ordonnance provisoire du 8 Novembre 1774, Elle s'étoit réservé d'attribuer auxdits Officiers ; régler pareillement celles qu'auront à l'avenir les Intendans & Commissaires des Ports & Arsenaux ; fixer en même temps, d'une manière constante & invariable, les fonctions du Conseil de Marine maintenu, par sadite Ordonnance, dans chacun de ses ports de Brest, Toulon & Rochefort ; apporter enfin à diverses parties de l'administration de ses Ports & Arsenaux, les modifications que la différence des temps & des circonstances ont rendu nécessaires ; Elle a ordonné & ordonne ce qui suit :

TITRE PREMIER.

De la division des fonctions dans la Régie &
Administration générale & particulière des Ports
& Arsenaux de Marine.

ARTICLE PREMIER.

LA régie & administration générale des Ports &
Arfenaux de Marine, fera & demeurera divifée en deux
parties diftinctes & féparées, dont l'une, fous l'autorité
immédiate du Commandant du port, comprendra tout
ce qui concerne la difpofition, la direction & l'exécution
des travaux; & l'autre, fous l'autorité immédiate de l'Intendant, comprendra tout ce qui concerne la recette,
la dépenfe & la comptabilité des deniers & des matières.

Divifion générale
de l'adminiftration
des Ports
& Arfenaux.

2.

L'ADMINISTRATION des travaux comprendra les
conftructions, refontes & radoubs, les armemens &
défarmemens, les opérations mécaniques & les mouvemens du Port, & généralement tous les ouvrages à
exécuter dans les chantiers & ateliers de l'Arfenal ou
ailleurs, pour la conftruction, le gréement, l'équipement,
la défenfe & l'entretien journalier des Vaiffeaux & de tous
autres Bâtimens flottans, ainfi que tout ce qui a rapport
à la garde, fûreté & confervation defdits Vaiffeaux &
Bâtimens, & machines à leur ufage, & à l'entretien, la
garde & la fûreté du Port & de la Rade.

Adminiftration
des travaux
fous l'autorité
du Commandant.

3.

L'ADMINISTRATION des deniers & des matières,

A ij

TITRE I.er

*Administration
des deniers
& des matières
sous l'autorité
de l'Intendant.*

comprendra la recette & l'emploi des deniers, les marchés & adjudications de matières & d'ouvrages, les approvisionnemens, les recettes, la confervation dans les magafins & la diftribution des matières, munitions & marchandifes quelconques ; les appointemens, folde, revues & montres des Officiers, des Troupes, des Gens de mer, & de tous autres entretenus dans le Port ou employés fur les Vaiffeaux ; la levée des Officiers-mariniers, Ouvriers, Journaliers, Matelots & autres Gens de mer, & la police des Claffes; la garde des Magafins, l'adminiftration particulière des Hôpitaux & des Chiourmes; celle des Bâtimens civils appartenans au Roi, & la Comptabilité générale.

4.

*Divifion
de l'adminiftration
des travaux,
en trois Directions
ou Détails.*

LA partie de l'adminiftration des Arfenaux qui comprend toutes les opérations mécaniques & les travaux relatifs aux Bâtimens flottans, fera & demeurera divifée en trois *Directions* ou *Détails*, fous l'autorité du Commandant :

S A V O I R ;

Le Détail des Conftructions :
Celui du Port :
Celui de l'Artillerie.

5.

*Détail
des Conftructions.*

LE Détail des Conftructions comprendra les conftructions, refontes, radoubs, réparations d'entretien, & tous ouvrages de charpente, forges, menuiferie, fculpture, peinture & calfatage à faire à toute efpèce de Bâtimens flottans, aux chantiers ou calles en bois & berceaux pour la mife à l'eau, & à toutes machines établies à l'ufage des Vaiffeaux; comme auffi l'infpection, l'arrangement & la difpofition des bois de conftruction, bois de mâture & autres, œuvrés ou non œuvrés, fous les hangars ou fous l'eau, & tout ce qui a rapport à la confervation & à l'entretien des Vaiffeaux ou autres Bâtimens défarmés dans le Port.

6.

LES Chantiers ou Ateliers qui dépendront du Détail des Conftructions, feront :

Les Chantiers, calles ou baffins, pour la conftruction & le radoub des Vaiffeaux ou autres Bâtimens :

Les Chantiers, pour l'entretien des Chaloupes & Canots à l'ufage du Port ou des Vaiffeaux :

Les Ateliers des forges, à l'ufage de la conftruction :

Ceux de la mâture, des hunes & cabeftans, de la Menuiferie, de la Sculpture, de la Peinture, de l'Avironnerie, des Gournables, des Étoupes :

Et tous autres Ateliers reffortiffans de ces premiers.

7.

LE Détail du Port comprendra les mouvemens, amarrage, leftage & déleftage de tous les Bâtimens flottans ; les mouvemens & le tranfport des bois, des mâtures, des ancres & de tous autres effets à l'ufage des Vaiffeaux, à l'exception de ceux de l'Artillerie ; la manœuvre de la mife à l'eau, de l'entrée dans les baffins & de la fortie, du tirage à terre, du mâtement, démâtement & carénage, & tous autres mouvemens & manœuvres à faire dans le Port ; les travaux relatifs à la fabrication des cordages, à la garniture, au gréement, à l'équipement & à la voilure ; la difpofition, l'arrangement & l'infpection des magafins particuliers de chaque

Vaiffeau ou autre Bâtiment ; le curage & l'entretien du Port & de la Rade, la police des quais, la confervation & l'entretien des pompes à incendies ; & tous les objets qui font relatifs à la garde, fûreté & propreté des Vaiffeaux défarmés dans le Port.

8.

Ateliers en dépendans.

LES Ateliers qui dépendront du Détail du Port, feront :

L'Atelier de la Corderie & tous ceux en reffortiffans, nécef-faires pour la fabrication des cordages :

Celui de la Garniture :

La Manufacture des Toiles :

L'Atelier de la Voilerie & les petits Ateliers qui en dépendent :

Ceux de la Poulierie, de la Tonnellerie & des Pompes :

Ceux de la Serrurerie, de la Plomberie, de la Ferblanterie, de la Chaudronnerie & de la Vitrerie.

9.

Détail de l'Artillerie.

LE Détail de l'Artillerie comprendra les travaux relatifs à la fabrication des canons, mortiers, armes, affûts & tous uftenfiles à l'ufage de l'Artillerie ; les mouvemens & tranfports des Effets dépendans de ce Détail ; l'inf-pection & les épreuves des canons & mortiers, & de toutes autres armes, poudres, munitions, infirumens & outils fervant à la guerre ; ainfi que l'arrangement, la difpofition & l'entretien des divers Effets appartenans à l'Artillerie, foit dans le Parc, foit dans les magafins ou dans la falle d'armes.

10.

Ateliers en dépendans.

LES Ateliers qui dépendront du Détail de l'Artillerie, feront :

Les Ateliers de Forge à l'ufage de l'Artillerie :

Les Fonderies, foit dans l'enceinte de l'Arſenal, foit hors de l'Arſenal :

L'Atelier des Affûts & celui du Charronnage, tant à l'uſage de l'Artillerie qu'aux autres uſages du Pòrt :

L'Atelier des Armuriers :

Et tous les petits Ateliers relatifs au ſervice de l'Artillerie & à l'entretien des armes.

I I.

LA partie de l'adminiſtration des Ports & Arſenaux, qui comprend les Dépenſes & la Comptabilité, ſera & demeurera diviſée en cinq *Bureaux* (non compris celui du Contrôle) ſous l'autorité de l'Intendant :

Diviſion de l'adminiſtration des deniers & des matières, & de la comptabilité en cinq Bureaux.

S A V O I R;

Le Bureau du Magaſin général :

Celui des Chantiers & Ateliers :

Celui des Fonds & Revues :

Celui des Armemens & Vivres :

Celui des Hôpitaux & Chiourmes.

I 2.

LE Bureau du Magaſin général tiendra les livres de Recette & Dépenſe, ainſi que le regiſtre de Balance, de toutes les matières & marchandiſes quelconques œuvrées ou non-œuvrées; ſera chargé d'en faire la recette & la diſtribution, & en aura la garde.

Bureau du Magaſin général.

I 3.

LE Bureau des Chantiers & Ateliers tiendra la matricule des Ouvriers; ſera chargé de dreſſer les rôles de journées & de payement des Ouvriers & des Journaliers, & d'en faire les appels; aura à ſa charge & garde les matières

Bureau des Chantiers & Ateliers.

qui auront été délivrées du Magafin général aux chantiers & ateliers, pour y être travaillées ou converties; en fuivra l'emploi, & fera la remife au Magafin général, des ouvrages qui auront été fabriqués dans lefdits ateliers; ou enregiftrera leur deftination, s'ils font employés dans une Conftruction.

14.

Bureau des Fonds & des Revues.

LE Bureau des Fonds & des Revues fera chargé de tout ce qui concerne les recettes de deniers & l'acquittement des dépenfes; le payement des appointemens & folde des Officiers, Gardes du Pavillon & de la Marine, Bombardiers, Apprentis-canonniers, Troupes, Gardiens, & tous autres Entretenus; les marchés & adjudications; les payemens faits à-compte, & les reftans à payer fur iceux; les fonds reçus & les objets de recette extraordinaire.

Il fera pareillement chargé de faire les revues des Officiers, des Gardes du Pavillon & de la Marine, des Bombardiers & Apprentis-canonniers, des Troupes, & de tous Entretenus, & d'en dreffer les États.

15.

Bureau des Armemens & des Vivres.

LE Bureau des Armemens & des Vivres fera chargé de tout ce qui concerne les Équipages deftinés pour les Vaiffeaux en armement, leur enregiftrement lors de leur arrivée dans le port, leur répartition fur les Vaiffeaux, les revues defdits Équipages avant le départ & au retour des Vaiffeaux, les conduites & folde des Gens de mer, & la répartition du produit des Prifes.

Il fera pareillement chargé de l'infpection des vivres dans

dans le Port; d'examiner la qualité de ceux que le Muni-tionnaire fera remettre dans les Magafins; de veiller à la manière dont fe feront les falaifons & le bifcuit; de tenir un regiftre exact des vivres qui feront remis dans les Magafins, de ceux qui en fortiront pour être diftribués aux Vaiffeaux, & de ceux qui y feront rapportés au retour des Campagnes, & généralement de tout ce qui concerne la confection, la qualité, la quantité & la confervation des vivres, foit pour le journalier, foit pour la mer.

16.

Bureau
des Hôpitaux
& des Chiourmes.

LE Bureau des Hôpitaux & des Chiourmes fera chargé de tenir le rôle des Malades qui feront reçus à l'Hôpital, de marquer le jour de leur entrée & de leur fortie; d'infpecter les médicamens & drogues, ainfi que les alimens & boiffons, pour voir fi les premiers font de bonne qualité, & fi les autres font diftribués dans la quantité ordonnée; de tenir le regiftre de tous les effets & uftenfiles à l'ufage de l'Hôpital, & généralement de tout ce qui concerne l'adminiftration dudit Hôpital.

Il fera pareillement chargé de tenir la matricule des Forçats, & de tout ce qui a rapport à la police & à l'entretien des Chiourmes.

B

TITRE II.

De la répartition dans les trois Détails de l'Arfenal, des Officiers de Vaiffeau, Officiers de Port & Ingénieurs-conftruCteurs, & de tous Entretenus pour les travaux de l'Arfenal & du Port, & la garde des Vaiffeaux.

17.

Directeur général de l'Arfenal.

IL fera établi dans chacun des ports de Breft, Toulon & Rochefort, un Directeur général de l'Arfenal, choifi parmi les Officiers généraux, lequel, fous l'autorité du Commandant du port, fera chargé de diriger & infpecter les travaux, opérations mécaniques & mouvemens du Port, & aura fous fes ordres les Officiers de Vaiffeau, Officiers de Port & Ingénieurs-conftructeurs, employés dans les trois Détails de l'Arfenal.

18.

Fixation du nombre des Officiers & autres attachés au Détail des Conftructions.

LE Détail des Conftructions fera dirigé & conduit, fous l'autorité du Directeur général, par un Directeur & un Sous-directeur des Conftructions, l'un & l'autre Capitaine de Vaiffeau.

A ce Détail, feront attachés quatre Lieutenans & quatre Enfeignes de Vaiffeau à Breft; trois Lieutenans & trois Enfeignes à Toulon; trois Lieutenans & trois Enfeignes à Rochefort; l'Ingénieur-conftructeur en chef, les Ingénieurs-conftructeurs ordinaires, les Sous-ingénieurs & les Élèves-conftructeurs, dans chacun des trois Ports.

19.

Le Détail du Port fera dirigé & conduit, fous l'autorité du Directeur général, par un Directeur Capitaine de Vaiffeau & un Sous-directeur Capitaine de Port.

A ce Détail, feront attachés cinq Lieutenans & cinq Enfeignes de Port à Breft ; trois Lieutenans & trois Enfeignes à Toulon & à Rochefort.

20.

Le Détail de l'Artillerie fera dirigé & conduit, fous l'autorité du Directeur général, par un Directeur & un Sous-directeur de l'Artillerie, l'un & l'autre Capitaines de Vaiffeau : Et les titres de Commandant en chef & Commandant en fecond de l'Artillerie, établis par l'Ordonnance du 26 Décembre 1774, feront & demeureront fupprimés, pour y être fubftitués ceux de Directeur & de Sous-directeur de l'Artillerie.

A ce Détail, feront attachés fept Lieutenans de Vaiffeau à Breft, dont un fera Aide-major d'Artillerie ; deux autres, Capitaines en premier ou en fecond de la Compagnie des Bombardiers ; quatre autres, Capitaines en premier ou en fecond des deux Compagnies d'Apprentis-canonniers ; & fept Enfeignes de Vaiffeau, dont un fera Sous-aide-major d'Artillerie ; & les fix autres, Lieutenans en premier ou en fecond defdites Compagnies de Bombardiers & d'Apprentis-canonniers : cinq Lieutenans de Vaiffeau à Toulon & à Rochefort, dont un fera Aide-major d'Artillerie, & les quatre autres feront Capitaines en premier ou en fecond des Compagnies de Bombardiers & d'Apprentis-canonniers ; & cinq Enfeignes de Vaiffeau, dont un fera Sous-aide-major d'Artillerie, & les quatre autres, Lieutenans en premier ou en second des mêmes Compagnies; les Compagnies de Bombardiers & d'Apprentis-canonniers, & tous les Maîtres-canonniers entretenus dans chacun des trois Ports.

21.

Suppreffion de fix Officiers d'Artillerie dans chaque Port, attachés à ce Détail par des ordres particuliers.

SUPPRIME Sa Majefté trois Lieutenans & trois Enfeignes de Vaiffeau, attachés par des ordres particuliers au fervice de l'Artillerie dans chaque Port, par l'article 2 du Titre IV de l'Ordonnance du 26 Décembre 1774; l'Aide-major & le Sous-aide-major d'Artillerie étant feuls confervés dans ce Détail, en fus des Officiers attachés aux Compagnies de Bombardiers & d'Apprentis-canonniers.

22.

Gardes du Pavillon ou de la Marine, employés dans l'Arfenal.

IL fera attaché à chaque Direction, fix Gardes du Pavillon ou de la Marine à Breft & à Toulon, & quatre Gardes de la Marine à Rochefort; lefquels ne pourront être choifis que parmi ceux qui auront achevé leurs cours de Mathématiques, & feront propofés au Commandant du Port par ceux des Compagnies defdits Gardes du Pavillon & de la Marine: Lefdits Gardes feront attachés pendant fix mois confécutifs à un même Détail, & pafferont fucceffivement dans les trois Directions.

23.

Tous les Maîtres, Ouvriers & autres Employés dans les trois Détails de l'Arfenal, fous les ordres

LES Compagnies de Bombardiers & d'Apprentis-canonniers, les Maîtres d'Équipage, Maîtres-pilotes, Hauturiers, Côtiers ou Lamaneurs, Maîtres-canonniers, Officiers-mariniers & autres Entretenus; les Contre-maîtres de conftruction, Maîtres d'ouvrages, Chefs d'ateliers, Ouvriers & Journaliers employés dans les différens chantiers ou ateliers reffortiffans des trois Directions de l'Arfenal; ainfi que les Gardiens des Vaiffeaux ou autres Bâtimens défarmés dans le Port, & des machines à leur ufage, & les Guetteurs ou Obfervateurs de fignaux employés dans les tours ou poftes dépendans de chaque Port, feront fous l'autorité du Commandant du Port & du Directeur général de l'Arfenal, & fous les ordres des Directeurs particuliers de leur Détail refpectif; & ledit Commandant en ordonnera la répartition dans les trois Détails, fuivant les befoins du fervice.

TITRE II.

des Commandant & Directeurs, & répartis par le Commandant dans les trois Détails.

24.

TOUS les Officiers de Vaiffeau attachés aux Détails de l'Arfenal, jouiront des appointemens attribués à leur grade dans la Marine, conformément à l'article 10 de l'Ordonnance du 8 Novembre 1774 : Et Sa Majefté accorde, en outre defdits appointemens, les fupplémens ci-après :

Supplément d'appointemens pour les Officiers de Vaiffeau attachés aux Détails de l'Arfenal.

$$SAVOIR; \qquad \text{Par an.}$$

À chaque Officier général, Directeur général d'Arfenal, pour fupplément d'appointemens...... 4000^{tt}

Pour Secrétaire & frais de Bureau......... 1500.

À chaque Capitaine de Vaiffeau, Directeur du Détail des Conftructions ou de celui du Port, pour fupplément.. 2400.

Pour Secrétaire & frais de Bureau......... 1200.

À chaque Capitaine de Vaiffeau, Sous-directeur du Détail des Conftructions, pour fupplément....... 1200.

À chaque Lieutenant de Vaiffeau, attaché au Détail des Conftructions, pour fupplément............ 400.

À chaque Enfeigne de Vaiffeau, attaché au même Détail, pour fupplément.................... 250.

À chaque Garde du Pavillon ou de la Marine, attaché à un des trois Détails, pour fupplément........... 144.

25.

LES Capitaines, Lieutenans & Enfeignes de Vaiffeau, attachés au Détail de l'Artillerie ; les Capitaines, Lieutenans & Enfeignes de Port ; les Ingénieurs-conftructeurs en chef, Ingénieurs ordinaires, Sous-ingénieurs & Élèves-conftructeurs, continueront de jouir des appointemens, fupplément d'appointemens & frais de Bureau qui leur ont été accordés par les Ordonnances antérieures, & dont ils jouiffent actuellement.

26.

INDÉPENDAMMENT des Officiers attachés particulièrement & fixément à chacun des trois Détails de l'Arfenal, conformément à ce qui a été prefcrit par les articles précédens, tous les autres Lieutenans & Enfeignes de Vaiffeau, à l'exception de ceux qui font attachés à la Majorité & aux Compagnies des Gardes du Pavillon & de la Marine, feront diftribués par le Commandant à la fuite des trois Détails de l'Arfenal, de manière qu'un tiers defdits Lieutenans & Enfeignes foit deftiné à fuivre les travaux relatifs au Détail des Conftructions ; un tiers, les travaux dépendans du Détail du Port ; & l'autre tiers, ceux qui appartiennent à l'Artillerie.

Lefdits Lieutenans & Enfeignes, feront commandés à tour de rôle, à proportion des befoins du fervice & des travaux à faire dans le Détail pour lequel ils auront été deftinés : ils ne jouiront d'aucun fupplément d'appointemens, & ne pourront être employés à la fuite d'un autre Détail qu'après avoir fuivi, pendant douze mois effectifs , le Détail auquel ils auront été attachés en premier lieu.

27.

TOUS les Officiers attachés fixément aux trois Détails de l'Arsenal , feront difpenfés de la garde & de tout autre fervice à terre.

Les Officiers attachés fixément aux Détails , difpenfés de la garde.

28.

LORSQU'AUCUNE des places des Officiers attachés fixément au Détail des Conftructions ou à celui de l'Artillerie , viendra à vaquer par mort, retraite ou avancement, le Directeur du Détail où la place fera vacante, indiquera au Directeur général trois des Officiers qui auront été employés à la fuite dudit Détail, dans lefquels il aura reconnu les difpofitions les plus marquées pour la direction des travaux qui en dépendent; le Directeur général remettra leurs noms apoftillés au Commandant du Port, pour les fufdits trois Officiers défignés, être par lui propofés à Sa Majefté, qui fera connoître fes intentions fur celui des trois qu'il lui plaira agréer.

Comment feront remplacés les Officiers attachés fixément au Détail des Conftructions ou à celui de l'Artillerie.

29.

IL fera choifi & nommé chaque année, par le Commandant du Port, un des Aides-major de la Marine & des Armées navales, pour être particulièrement attaché au Directeur général de l'Arfenal, & porter fes ordres dans les Chantiers & Ateliers reffortiffans des trois Directions.

Aide-major de la Marine, attaché au Directeur général.

30.

LE Major de la Marine & des Armées navales, portera les ordres qu'il recevra du Commandant, relativement aux opérations & travaux dépendans des trois Directions;

Le Major de la Marine, chargé de diftribuer les ordres

il marquera fur un regiftre qu'il tiendra à cet effet, l'heure, le jour & les Officiers à qui lefdits ordres auront été donnés; & lorfque ces ordres ne pourront être remis par écrit, les Directeurs, Officiers & tous autres à qui il les portera verbalement de la part du Commandant, feront obligés de les exécuter.

3 1.

*Tiendra
un regiftre
des Officiers
attachés fixément
ou à la fuite
des Détails.*

IL tiendra un regiftre pour chacun des trois Détails de l'Arfenal, des Officiers de Vaiffeau, de ceux de Port, & des Ingénieurs-conftructeurs qui feront attachés fixément auxdits Détails, & des Officiers de Vaiffeau qui auront été deftinés par le Commandant pour être employés à la fuite de chaque Détail. Dans le nombre de ces derniers, il diftinguera ceux qui auront été commandés chaque mois, pour fuivre effectivement le Détail pour lequel ils feront deftinés; & il ne prendra les Officiers qui devront être nommés pour monter la garde, ou commandés pour tout autre fervice, que parmi ceux defdits Officiers à la fuite, qui n'auront aucune fonction actuelle & effective dans le Détail auquel ils feront attachés.

3 2.

*Les Officiers
à la
fuite des Détails,
qui feroient
dans le cas
de prendre
les armes
avec les Troupes,
en donneront avis
aux Directeurs.*

DANS le cas où les Troupes prendront les armes, le Major de la Divifion du Corps-royal d'Infanterie de la Marine, aura attention de nommer d'avance les Officiers attachés aux Troupes, qui devront marcher à leur tête: Et ceux defdits Officiers qui fe trouveroient actuellement en activité à la fuite du Détail auquel ils font affectés, feront tenus d'en donner avis fur le champ au Directeur du Détail, afin qu'il puiffe, s'il le juge à propos, demander

d'autres

d'autres Officiers pour remplir, par *interim*, les fonctions dont les premiers auroient été chargés.

33.

EN l'absence du Commandant du Port, dans le cas où aucun Officier général n'auroit de Lettres de service, l'intention de Sa Majesté est que le Directeur général de l'Arsenal commande à sa place, jusqu'à ce qu'il y ait été pourvu par Sa Majesté; dérogeant, en tant que besoin est, à toutes Ordonnances à ce contraires.

Le Directeur général, commandera en l'absence du Commandant.

34.

EN cas d'absence ou de maladie du Directeur général, le plus ancien des Directeurs particuliers en remplira les fonctions jusqu'à ce qu'il y ait été pourvu par Sa Majesté.

Sera suppléé par le plus ancien des Directeurs particuliers.

35.

LE Directeur & le Sous-directeur d'un Détail ne feront jamais en même temps absens du Port, soit par congé, soit même pour le service de la mer.

Les Directeurs & les Sous-directeurs jamais absens en même temps.

36.

DANS le cas où le plus ancien des Directeurs particuliers se trouveroit chargé des fonctions de Directeur général, ou absent, il sera suppléé dans la direction de son Détail, par le Sous-directeur; & à son défaut, par le plus ancien des Officiers attachés fixément au même Détail.

Les Directeurs suppléés par les Sous-directeurs.

37.

LES Lieutenans & Enseignes de Vaisseau, attachés fixément à quelqu'un des Détails, & les Lieutenans & Enseignes de Port, rempliront les mêmes fonctions que leurs Directeurs & Sous-directeurs respectifs, sous leurs ordres & en leur absence.

Fonctions des Officiers attachés fixément aux Détails, en l'absence des Directeurs.

C

TITRE II.

Le Major de la Marine suppléé en cas d'absence par le Major de la Division.

38.

EN l'abfence du Major de la Marine & des Armées navales, le Major de la Division du Corps-royal d'Infanterie de la Marine, dans chaque Port, en remplira toutes les fonctions, relativement aux Détails de l'Arfenal.

39.

Fonctions des Aides-major & Sous-aides-major, en l'abfence des Majors.

LES Aides-major & Sous-aides-major de la Marine, rempliront les mêmes fonctions que le Major de la Marine, fous fes ordres & en fon abfence, fuivant la deftination qui en aura été faite par le Commandant.

40.

Les Gardes du Pavillon & de la Marine, affifteront aux travaux pour leur inftruction & fans autorité.

LES Gardes du Pavillon & de la Marine, attachés à chacune des trois Directions, affifteront pour leur inftruction à tous les travaux du Détail où ils feront employés, n'y auront aucune autorité, & exécuteront les ordres qui leur feront donnés par les Directeurs & autres Officiers prépofés à la direction des travaux.

TITRE III.

De la répartition dans les cinq Bureaux de chaque Port, au Commiffaire général & des Commiffaires ordinaires des Ports & Arfenaux de Marine, du Garde-magafin & de tous Entretenus pour l'entretien & la garde des Magafins, le fervice des Hôpitaux & la garde des Chiourmes.

41.

SA MAJESTÉ ayant par fon Ordonnance de ce jour, *portant établiffement de Commiffaires généraux & ordinaires des Ports & Arfenaux de Marine, & de Gardes-magafins,* fixé le nombre defdits Commiffaires & Gardes-magafins qui feront entretenus dans chacun des ports de Breft, Toulon & Rochefort; la répartition dans les cinq Bureaux de chaque Port en fera faite ainfi qu'il fuit:

TITRE III.

Le Commiffaire général aura infpeétion fur le travail des cinq Bureaux, & une infpeétion particulière fur le Magafin général.

Commiffaire général.

Il y aura au Bureau du Magafin général, un Commiffaire ordinaire & le Garde-magafin.

Au Bureau du Magafin général.

Au Bureau des Chantiers & Ateliers, un Commiffaire ordinaire.

Bureau des Chantiers & Ateliers.

Au Bureau des Fonds & Revues, un Commiffaire ordinaire.

Bureau des Fonds & Revues.

Au Bureau des Armemens & des Vivres, un Commiffaire ordinaire.

Bureau des Armemens & des Vivres.

Au Bureau des Hôpitaux & des Chiourmes, un Commiffaire ordinaire.

Bureau des Hôpitaux & des Chiourmes.

Le Commiffaire furnuméraire dans chaque Port, aidera dans fes fonétions le Commiffaire prépofé au Bureau des Chantiers & Ateliers, & fera particulièrement chargé de la recette des bois, dont il comptera au Magafin général; & en cas de maladie ou d'abfence d'un des cinq Commiffaires ordinaires, ledit Commiffaire furnuméraire tiendra le Bureau à la place de celui qui viendra à manquer. Le fecond Commiffaire furnuméraire établi à Breft, fera attaché au Magafin général, ou à celui des autres auquel l'Intendant jugera du bien du fervice de le deftiner.

Commiffaire furnuméraire.

Le Détail particulier des Colonies dans le port de Rochefort fera réuni, pour la partie des approvifionnemens en vivres, au Bureau des Armemens & des Vivres, & pour la partie des approvifionnemens en effets de Marine & autres, au Bureau du Magafin général.

Difpofitions particulières pour le port de Rochefort.

C ij

À l'égard du dépôt des recrues des Colonies, établi à l'île de Ré, le Sous-commissaire préposé actuellement aux revues & à la police desdites recrues, fera partie à l'avenir des Sous-commissaires des Colonies, & ne fera point compris dans l'État du port de Rochefort, mais il continuera d'être comme par le passé sous l'autorité de l'Intendant dudit Port.

42.

Commis aux écritures, répartis par l'Intendant dans les cinq Bureaux.

LES Commis aux écritures & aux appels, dont le nombre aura été règlé pour chaque Port, par les États qui seront arrêtés par Sa Majesté, seront répartis par l'Intendant dans les cinq Bureaux, suivant qu'il le jugera convenable pour le service; & ledit Intendant adressera tous les trois mois, au Secrétaire d'État ayant le département de la Marine, une liste qui constatera la destination qu'il aura faite de chacun desdits Commis.

43.

Ingénieurs des Bâtimens civils.

LES Ingénieurs des Bâtimens civils, feront & demeureront sous l'autorité de l'Intendant du Port.

44.

Répartition des Gardiens & Suisses.

LES Gardiens des Magasins, des Chantiers & Ateliers, des Bureaux de l'Arsenal & des Bâtimens civils appartenans au Roi, les Suisses & Consignes de l'Arsenal, & tous Employés au service des Hôpitaux & à la garde des Chiourmes, feront sous les ordres de l'Intendant qui en fera la répartition suivant les besoins du service & selon que l'exigera le local du Port.

TITRE IV.

De la Direction des travaux & ouvrages; de l'ordre à établir dans les Chantiers & Ateliers; & de la justice & police des Arsenaux.

45.

LES Directeurs préposés aux trois Détails de l'Arsenal, feront chargés de faire faire par les Officiers, Ingénieurs-constructeurs ou Maîtres d'ouvrages, sous leurs ordres, tous les plans, deſſins, devis, modèles ou gabaris des ouvrages qui devront être exécutés dans les Chantiers ou Ateliers dépendans de leur Direction, conformément aux ordres qu'ils en auront reçus du Directeur général ; & ils dirigeront & inſpecteront tous les travaux relatifs à l'exécution deſdits plans & modèles.

Les Directeurs chargés des plans & de l'exécution de tous les ouvrages dépendans de leur Détail.

46.

ILS auront soin de dreſſer un État exact & détaillé de tous les modèles, plans, deſſins, tarifs, regiſtres, mémoires & autres papiers concernant les ouvrages qui s'exécuteront dans les divers Chantiers ou Ateliers dépendans de leur Direction : Ils remettront chaque année, au Directeur général, une copie de cet inventaire, qui ſera ſignée d'eux, pour être remiſe au Commandant par le Directeur général qui l'aura certifiée ; & ledit Commandant, après l'avoir viſée, l'enverra au Secrétaire d'État ayant le département de la Marine : Il ſera pareillement envoyé un État particulier de tous les modèles, deſſins ou papiers qui auront

Dreſſeront un État de tous les modèles, plans & papiers concernant leurs Détails.

été ajoutés aux anciens pendant le courant de l'année précédente. Lorsqu'un Directeur s'absentera, pour quelque cause que ce soit, il remettra ces modèles, plans & papiers à l'Officier qui devra diriger en chef les travaux de son Détail en son absence, ou le remplacer; en observant de former un État desdits modèles, plans & papiers, dont il fera faire trois copies qu'il signera, & fera accepter & signer par l'Officier qui devra le suppléer ou le remplacer; lesquelles copies seront certifiées par le Directeur général & visées du Commandant; l'une, pour être envoyée au Secrétaire d'État ayant le département de la Marine; l'autre, pour servir de décharge au Directeur qui s'absentera ou sera remplacé, & la troisième, qui sera jointe aux papiers de la Direction.

47.

Chaque Directeur fera exécuter un ouvrage de chaque espèce, pour fixer la quantité de matière, le déchet & le prix de la main - d'œuvre.

CHAQUE Directeur dressera un État exact de tous les ouvrages qui se fabriqueront dans les Ateliers dépendans de sa Direction : d'après les devis & modèles qui auront été arrêtés au Conseil de Marine, & approuvés par Sa Majesté, il fera exécuter en sa présence, par de bons Ouvriers, un desdits ouvrages de chaque espèce, avec les plus grands soins & la plus grande économie; afin que ces pièces de comparaison le mettent en état de connoître en tout temps, quelle quantité de matière exige la fabrication de chaque ouvrage, quel déchet indispensable la matière doit éprouver, quel est le prix de la main-d'œuvre; & qu'il puisse juger, par la comparaison des matières & des journées employées dans la suite à chaque pièce ou ouvrage pareils, de la vigilance & de l'économie qu'auront apportées dans l'exécution des

différens ouvrages, les Officiers chargés de conduire &
d'infpecter les travaux dans les Chantiers & Ateliers.

48.

LA quantité de matières néceffaires pour la conftruction, l'armement, le gréement & l'équipement d'un
Vaiffeau de chaque rang & de tout autre Bâtiment, &
le prix de la main-d'œuvre pour le convertiffement
defdites matières, étant ainfi connus & déterminés; l'intention de Sa Majefté eft que chaque Directeur de
Détail, pour fa partie, de concert avec le Commiffaire
du Magafin général, & celui des Chantiers & Ateliers,
procède à l'eftimation exacte d'un Vaiffeau de chaque
rang & de tout autre Bâtiment; que dans les procès-
verbaux qui en feront dreffés, il foit fpécifié pour chaque
effet en particulier, les qualité, quantité & prix des matières, le déchet qu'elles doivent éprouver & les prix de
main-d'œuvre; & que lefdits procès-verbaux, certifiés de
chaque Directeur, pour fa partie, du Commiffaire du
Magafin général & de celui des Ateliers, approuvés du
Directeur général, & vifés du Commandant & de l'Intendant, après avoir été examinés dans le Confeil de
Marine, foient envoyés avec l'avis du Confeil fur iceux,
au Secrétaire d'État ayant le département de la Marine,
pour lui faire connoître le prix auquel devront revenir
dans les différens Ports, chaque Vaiffeau de tous rangs,
chaque efpèce de Bâtiment, & chaque effet particulier de
chacun defdits Vaiffeaux & Bâtimens.

*Il fera fait
une eftimation
d'un Vaiffeau
de chaque rang
& de tout autre
Bâtiment,
& de tous effets
à leur ufage.*

49.

LES Directeurs fuivront & furveilleront, feront fuivre
& furveiller par les Officiers & Ingénieurs-conftructeurs,

*Les Directeurs
veilleront
à l'économie*

fous leurs ordres, toutes les opérations, & les Ouvriers des Chantiers ou Ateliers dépendans de leur Direction refpective, & donneront tous leurs foins à ce que les conftruions & ouvrages ordonnés foient exécutés avec la plus grande économie de journées & de matières, & toute la folidité & la perfection dont ils feront fufceptibles.

50.

ILS rendront compte au Directeur général, de tout ce qui intéreffera le Détail particulier qui leur eft confié; & il fera fixé chaque jour, par le Commandant, une heure à laquelle le Directeur général, les trois Directeurs particuliers, les trois Sous-directeurs & l'Ingénieur-conftructeur en chef, devront s'affembler chez ledit Commandant pour conférer avec lui fur les différentes parties du fervice de l'Arfenal, lui rendre compte de tout ce qui aura été fait dans la journée, & recevoir fes ordres fur ce qui fera à faire le jour fuivant.

51.

*Répartition
dans les divers
Ateliers,
des Officiers
attachés fixément
aux Détails,
& leurs fonctions.*

LE Directeur général prendra les ordres du Commandant pour répartir dans les divers Chantiers & Ateliers dépendans de chacune des trois Directions, les Officiers de Vaiffeau qui y feront fixément attachés, ceux de Port, & Ingénieurs-conftructeurs. Lefdits Officiers & Ingénieurs-les conftructeurs feront chargés de la direction des travaux ordonnés, veilleront affidument à ce qu'ils foient exécutés comme ils doivent l'être, maintiendront l'ordre & la police dans les Chantiers & Ateliers, & rendront un compte exact à leur Directeur refpectif, de tout ce qui

concernera

concernera l'Atelier ou Chantier dont la direction particulière leur aura été confiée.

5 2.

LES Directeurs feront remettre à la fin de chaque mois, au Major de la Marine, des États de demande, visés du Directeur général, dans lesquels ils fixeront le nombre des Officiers destinés à être à la suite de leur Détail, qu'ils jugeront devoir être nécessaires dans le mois suivant, pour suivre les travaux qui devront y être exécutés. Les Officiers employés ainsi à la suite des Détails, assisteront régulièrement à tous les appels qui se feront des Ouvriers ou Journaliers, & les vérifieront sur les États qui leur auront été remis par les Directeurs; lesquels États devront contenir les noms, qualités & payes des Ouvriers dont chaque Atelier ou Chantier devra être garni : Lesdits Officiers ne feront point chargés de la direction des travaux, mais ils veilleront à ce que les Ouvriers emploient exactement tout leur temps, ne mettent en œuvre que de bonnes matières, & ne fassent pas de fausses consommations ; & ils rendront un compte exact au Directeur du Détail, des manquemens en tout genre qu'ils pourront observer.

Fonctions des Officiers employés à la suite des Détails.

5 3.

CHAQUE Directeur inscrira dans un registre, les ordres par écrit qui lui auront été donnés par le Directeur général ; & dans un second registre, les noms des Officiers de Vaisseau, Officiers de Port ou Ingénieurs-constructeurs, auxquels il aura confié la direction particulière de chaque Atelier ou Chantier, ou la conduite d'une opération ; ainsi que les noms des Officiers qui

Chaque Directeur inscrira, dans un registre, les ordres du Directeur général, ainsi que les noms des Officiers attachés fixément ou à la suite de son Détail.

D

auront été nommés chaque mois pour être à la fuite de fon Détail. Il prendra note de ceux qui pourroient s'abfenter, pour en rendre compte au Directeur général, & donnera un foin particulier à l'inftruction des Gardes du Pavillon & de la Marine, employés fous fes ordres.

54.

Les Officiers & Ingénieurs-conftructeurs, attachés fixément aux Détails, & les Officiers, à la fuite, exécuteront les ordres des Directeurs & Sous-directeurs.

LES Officiers de Vaiffeau & de Port, & les Ingénieurs-conftructeurs attachés fixément aux trois Détails de l'Arfenal, & les Officiers qui auront été nommés à la fuite defdits Détails, exécuteront ponctuellement tous les ordres qui leur feront donnés par les Directeurs & Sous-directeurs, & feront au furplus fubordonnés les uns aux autres fuivant leur grade & ancienneté. Ordonne Sa Majefté aux Directeurs defdits Détails, de tenir foigneufement la main à ce que lefdits Officiers & Ingénieurs-conftructeurs, par leur préfence & leur affiduité, faffent accélérer les travaux qui auront été ordonnés, & leur enjoint de rendre compte au Directeur général, de l'exactitude ou de la négligence que chacun defdits Officiers ou Ingénieurs-conftructeurs aura apportée à remplir les fonctions dont il aura été chargé.

55.

Le Directeur de chaque Détail, dreffera un état des Ouvriers & Journaliers néceffaires pour les opérations de fon Détail.

LORSQUE le Directeur général aura reçu les ordres du Commandant pour quelques conftructions, radoubs, ouvrages, mouvemens ou opérations dans le Port, il donnera fes ordres au Directeur particulier du Détail dont lefdits ouvrages, conftructions ou opérations dépendront, afin que celui-ci faffe dreffer un État général, par qualité & quantité, des Ouvriers ou Journaliers, ou du nombre d'efcouades de forçats qui feront néceffaires pour l'exécution defdits ouvrages ou defdites opérations; un double dudit État figné du Directeur particulier, & approuvé du Directeur général, après avoir été examiné & comparé aux devis dans le Confeil de Marine, fera vifé du Commandant & remis enfuite à l'Intendant, qui ordonnera la levée defdits Ouvriers ou Journaliers, s'il ne s'en trouve pas dans le Port un nombre fuffifant pour fournir à tous les travaux, mouvemens & opérations ordonnés, ainfi que la diftribution des efcouades de forçats.

56.

AUCUN Ouvrier ou Journalier ne fera admis aux Chantiers ou dans les Ateliers, ou employé aux mouvemens & opérations du Port, fans un billet du Commiffaire des Chantiers & Ateliers. L'Ouvrier ou Journalier arrivant, fe préfentera au Directeur du Détail pour lequel il aura été deftiné; & ledit Directeur le fera infcrire fur fon regiftre.

Aucun Ouvrier ne fera admis aux Chantiers ou Ateliers, fans un billet du Commiffaire.

57.

LE Directeur de chaque Détail fera la répartition particulière des Ouvriers arrivant dans les Chantiers ou Ateliers dépendans de fa Direction; il aura foin de les diftribuer avec toute l'économie que comporteront les circonftances, la nature du travail & le befoin plus ou moins preffant des ouvrages; il remettra au Directeur général un Tableau figné de lui, de la répartition qu'il aura faite defdits Ouvriers & Journaliers, & en fera remettre un double au Commiffaire des Chantiers & Ateliers.

Chaque Directeur fera la répartition des Ouvriers de fon Détail.

D ij

58.

*Cas
de changement
da is la distribution
des Ouvriers
(u Journaliers.*

DANS le cas où la nature des ouvrages ordonnés, exigera que le Directeur général change la répartition première qui aura été faite des Ouvriers ou Journaliers dans les trois Détails, chaque Directeur particulier sera tenu de donner par écrit au Commissaire des Chantiers & Ateliers, un État des changemens qui auront été faits dans la distribution des Ouvriers ou Journaliers employés dans son Détail.

59.

*La paye
des Ouvriers
ne sera réglée
qu'à la fin
de chaque mois.*

LA paye ne sera assignée à chaque Ouvrier nouvellement arrivé, qu'après que sa capacité aura été reconnue, trois jours seulement avant le payement de la fin du mois, & selon que ladite paye aura été réglée par le Commandant, de concert avec l'Intendant, sur la proposition qui leur en aura été faite par le Directeur du Détail, de concert avec le Commissaire des Chantiers & Ateliers. Les Directeurs & ledit Commissaire doivent s'attacher particulièrement à connoître par eux-mêmes & par les préposés sous leurs ordres, les bons & les médiocres Ouvriers, afin que leur paye soit proportionnée à leurs services & capacité, & à leur assiduité au travail.

60.

*Le Commissaire
fera faire
exactement
les appels
des Ouvriers.*

LE Commissaire des Chantiers & Ateliers fera faire exactement les appels par les Commis chargés de cette fonction, toutes les fois que les Ouvriers entreront au travail; il veillera à ce que lesdits Commis n'emploient que des Ouvriers & Journaliers présens, & il s'en assurera lui-même par les appels particuliers qu'il fera, & fera faire aussi souvent qu'il le jugera à propos, pour vérifier si les Ouvriers & Journaliers, contenus dans les rôles, sont effectivement & fidèlement employés.

61.

LE Directeur de chaque Détail fera suivre & vérifier les appels par ceux des Officiers à la suite du Détail, qui auront été nommés pour y assister ; & le Directeur pourra faire répéter l'appel par les Commis qui en seront chargés, aussi souvent qu'il le jugera à propos.

Les Directeurs feront vérifier les appels.

62.

APRÈS que les appels à l'entrée des Ouvriers auront été faits, il ne sera permis à aucun Ouvrier ou Journalier de quitter le Chantier ou Atelier auquel il sera attaché, sans la permission par écrit du Directeur ou Sous-directeur du Détail, ou de l'Officier ou Ingénieur-constructeur préposé à l'Atelier ou au Chantier ; laquelle permission ne pourra être valide, qu'autant qu'elle sera visée du Commissaire préposé au Détail des Chantiers & Ateliers.

Aucun Ouvrier ne pourra quitter l'Atelier sans permission.

63.

LE Directeur se fera rendre compte, chaque jour, par les Officiers qui auront été chargés d'être présens aux appels des Ouvriers, de ceux qui s'y seront trouvés : Lesdits Officiers remettront au Directeur un extrait des rôles certifiés par eux ; & copie dudit extrait, visée du Directeur, sera remise, chaque soir, au Directeur général qui la remettra au Commandant.

Il sera rendu compte des appels au Directeur par les Officiers.

64.

LE Commissaire se fera pareillement rendre compte,

Il en sera rendu compte.

TITRE IV.

au Commiſſaire
par les Commis
chargés des appels.

chaque jour, des appels, par les Commis qui en feront chargés; il ſe fera remettre par eux un extrait certifié des rôles d'appels qu'il viſera, & copie dudit extrait ſera remiſe chaque ſoir par le Commiſſaire à l'Intendant.

65.

État général
des
journées d'Ouvriers
& Journaliers
à la fin
de chaque mois.

LES Directeurs retireront, tous les mois, des Officiers qui auront aſſiſté aux appels, & le Commiſſaire, des Commis qui les auront faits, les rôles d'appels des Ouvriers ou Journaliers des divers Chantiers ou Ateliers. Chaque Directeur, pour ſa partie, & le Commiſſaire, pour les trois Détails, vérifieront réciproquement les rôles qui leur auront été remis: ils en dreſſeront, chacun de leur côté, un État général qu'ils certifieront réciproquement; celui du Directeur ſera viſé du Directeur général, & remis par lui au Commandant; & ceux du Commiſſaire ſeront remis par lui à l'Intendant. Sur leſdits États généraux, ſeront marqués les différentes fonctions des Ouvriers ou Journaliers, la paye qui leur aura été fixée, & les jours & heures qu'ils auront manqué au travail; afin que, ſur cette connoiſſance, l'Intendant puiſſe ordonner le payement de ce qui ſera légitimement dû; auquel payement aſſiſteront les Directeurs, chacun pour leur Détail, & le Commiſſaire des Chantiers & Ateliers pour les trois Détails.

66.

Le Directeur
de chaque Détail
fera dreſſer
un État général
des matières
néceſſaires
pour l'exécution
des ouvrages
ordonnés.

LORSQUE le Directeur général aura reçu les ordres du Commandant pour quelque conſtruction, radoub ou autre ouvrage quelconque, il donnera ſes ordres aux Directeurs particuliers des trois Détails, pour que ceux-ci, chacun pour la partie qui le concernera, faſſent dreſſer des États généraux, par approximation, de toutes les matières néceffaires pour l'exécution defdits ouvrages; un double defdits États, figné du Directeur du Détail, & approuvé du Directeur général, après avoir été examiné & comparé aux plans & devis dans le Confeil de Marine, fera vifé du Commandant, & remis enfuite à l'Intendant, qui ordonnera l'approvifionnement defdites matières & la diftribution fucceffive d'icelles, à proportion des demandes journalières qui en feront faites au Magafin général, en la forme prefcrite par les articles fuivans.

67.

LES demandes de matières œuvrées ou non-œuvrées, outils & uftenfiles pour tout ce qui concerne la charpente du chantier, du corps du Vaiffeau, du berceau, des mâtures, hunes, cabeftans, chaloupes & canots, & le calfatage, corroi & enduit du Vaiffeau, feront faites par écrit, par l'Ingénieur-conftructeur chargé de la conf-truction ou du radoub du Bâtiment. Ces billets de demandes, vifés du Directeur des Conftructions & du Commiffaire des Chantiers & Ateliers, feront portés par les Contre-maîtres d'ouvrages au Commiffaire du Magafin général, qui mettra fon ordre au bas pour la délivrance des matières ou effets demandés; & lefdits billets ferviront de décharge au Garde-magafin. Lorfque lefdits effets ou matières auront été apportés au Chantier, ils feront remis à la charge & garde du Commiffaire des Chantiers & Ateliers, qui en fuivra & fera fuivre l'emploi dans leur convertiffement par les Commis fous fes ordres, pour s'affurer fi rien n'eft diverti par les Ouvriers, & fi tout ce qui leur a été délivré, a été effectivement & fidè-lement employé.

Les demandes relatives aux conftructions, feront faites par les Ingénieurs-conftructeurs.

68.

Les demandes de matières, pour les ouvrages à fabriquer dans les Ateliers des trois Détails, seront faites par les Officiers de Vaisseau ou de Port.

A l'égard de tous ouvrages à exécuter dans les différens Ateliers dépendans des trois Directions, les demandes de matières, outils ou uftenfiles, feront faites par celui des Officiers de Vaiffeau ou de Port, qui fera prépofé à la direction particulière de l'Atelier où les ouvrages ordonnés devront être exécutés; & il en fera ufé du refte ainfi qu'il eft prefcrit par l'article précédent.

69.

Chaque Directeur tiendra regiftre des demandes qui auront été faites dans fon Détail.

LE Directeur de chaque Détail fera ténir un regiftre, jour par jour, de toutes les demandes, de quelque nature qu'elles foient, qui auront été faites par les Officiers de Vaiffeau ou de Port, ou les Ingénieurs-conftructeurs prépofés à la direction particulière des Chantiers ou Ateliers reffortiffant de fon Détail.

70.

Le Commiffaire des Chantiers & Ateliers tiendra regiftre des demandes & des matières apportées dans les Chantiers & Ateliers, & fuivra l'emploi defdites matières.

LE Commiffaire des Chantiers & Ateliers fera pareillement tenir un regiftre exact, jour par jour, de toutès les demandes qui auront été faites dans les divers Chantiers ou Ateliers dépendans de chaque Direction, & de la réception de toutes les matières œuvrées ou non-œuvrées, outils ou uftenfiles qui feront apportés dans chacun defdits Chantiers ou Ateliers.

71.

Les Directeurs feront tenir, par les Maîtres d'ouvrages, un cafernet de toutes les matières employées.

LES Directeurs des Détails, & fous leurs ordres, les Officiers ou Ingénieurs-conftructeurs prépofés à chaque Atelier ou Chantier, auront foin que les Contre-maîtres ou Chefs d'ateliers & d'ouvrages, marquent dans un cafernet qu'ils leur donneront à cet effet, toutes les

matières

matières par efpèce, quantité, dimenfions & dénominations, qui feront employées journellement dans leurs
Ateliers & Chantiers refpectifs, & tiennent note du
déchet que lefdites matières auront éprouvé dans leur
convertiffement.

72.

CHAQUE Officier de Vaiffeau ou de Port, ou
Ingénieur-conftructeur, prépofé à un Atelier ou Chantier,
fe fera remettre toutes les femaines un extrait defdits
cafernets, qu'il remettra au Directeur après l'avoir vérifié;
& il en fera remis un pareil au Commiffaire des Chantiers
& Ateliers, par les Commis prépofés à fuivre l'emploi des
matières, auxquels les Contre-maîtres ou Chefs d'ouvrages
feront tenus de donner un extrait de leurs cafernets.

*L'extrait
defdits cafernets
fera remis,
touteslesfemaines,
aux Directeurs
& au Commiffaire
des Détails,
pour être remis
au Commandant
& à l'Intendant.*

73.

AUSSITÔT que les ouvrages ordonnés auront été fabriqués dans chaque Atelier, le Commiffaire des Chantiers
& Ateliers en fera faire recette au Magafin géneral; & ils
feront remis à la charge & garde du Garde-magafin, dans
quelqu'endroit de l'Arfenal qu'ils aient été dépofés. Ledit
Garde-magafin en donnera au Commiffaire des Chantiers
& Ateliers, un certificat de réception, vifé du Commiffaire du Magafin général; & il fera fait mention fur le
regiftre dudit Magafin, du lieu où les ouvrages livrés
auront été dépofés; il y fera pareillement fait mention
des poids, dimenfions & quantité defdits ouvrages, & du
déchet que la matière aura éprouvé dans fon convert-
tiffement, afin de connoître fi le déchet & le net rendent
enfemble la quantité de matière qui avoit été délivrée des
Magafins.

*Recette au
Magafin général
des Ouvrages
fabriqués
dans les Ateliers.*

E

74.

TITRE IV.

*Chaque Directeur
fera dresser
un État général
de toutes
les matières
employées,
&
des ouvrages faits
pendant le mois.*

Le Directeur de chaque Détail fera dresser à la fin du mois, un État général de toutes les matières qui auront été apportées, pendant le mois, dans les Chantiers ou Ateliers dépendans de sa Direction, par dénominations, qualité, quantité, poids ou dimensions. Il fera connoître dans ledit État la destination ou l'emploi desdites matières, ce qui en aura été employé, ce qui en restera dans les Chantiers ou Ateliers, l'espèce & la quantité des ouvrages qui en seront provenus, le déchet que lesdites matières auront éprouvé dans leur convertissement; & l'époque de la livraison au Magasin général, des ouvrages qui auront été fabriqués.

75.

*Le Commissaire
des Chantiers
& Ateliers,
fera dresser
un État dans
la même forme.*

Le Commissaire des Chantiers & Ateliers fera de son côté dresser un État dans la même forme pour chaque Détail particulier.

*Lesdits États
vérifiés & remis
au Commandant
& à l'Intendant.*

76.

Chaque Directeur pour sa partie, & le Commissaire pour les trois Détails, vérifieront & certifieront réciproquement leurs États de matières, déchet & ouvrages: Celui de chaque Directeur sera visé du Directeur général & remis par lui au Commandant; & ceux du Commissaire des Chantiers & Ateliers seront remis par lui à l'Intendant.

77.

*Il sera dressé,
par les Directeurs,
un État général
des matières
& journées
employées*

Lorsqu'une Construction aura été achevée, que le Magasin particulier du Vaisseau sera complet, & que tout ce qui doit former son Armement & Équipement sera préparé, chaque Directeur, pour sa partie, fera dresser un État de toutes les matières œuvrées ou non œuvrées qui auront été tirées du Magasin général ; des prix d'icelles dont il lui sera donné connoissance par écrit par le Contrôleur ; & du nombre & des prix des journées employées pour la main-d'œuvre : Chaque Directeur remettra son État au Directeur général qui sera réunir ces trois États pour n'en former qu'un seul, servant à connoître la dépense à laquelle monteront ensemble, la Construction, le Gréement & l'Équipement du Vaisseau ou autre Bâtiment ; & ledit État, certifié de chaque Directeur pour sa partie, & visé du Directeur général, sera remis par celui-ci au Commandant.

TITRE IV.

pour la construction & l'équipement d'un Vaisseau ou autre Bâtiment.

78.

On procédera de la même manière pour parvenir à connoître la dépense à laquelle monteront chaque refonte, radoub ou réparation considérable faites aux Vaisseaux ou autres Bâtimens flottans.

Pareil État pour les refontes & radoubs.

79.

Le Commissaire des Chantiers & Ateliers dressera de son côté & dans la même forme, pour chaque Construction, Refonte ou Radoub, un État général qu'il certifiera & remettra à l'Intendant, pour être par lui visé.

Le Commissaire dressera de pareils États pour les constructions & les radoubs.

80.

Les États dressés dans la forme précédente par les trois Directeurs & le Commissaire des Chantiers & Ateliers, seront examinés dans le Conseil de Marine, qui les comparera entr'eux & avec les plans & devis qui y avoient été arrêtés, & donnera son avis sur iceux ; & il en sera usé, pour lesdits États & l'avis du Conseil, ainsi qu'il sera

Lesdits États seront examinés dans le Conseil de Marine.

preſcrit par la préſente Ordonnance, au *Titre XVIII du Conſeil de Marine permanent.*

81.

Les Directeurs aſſiſteront à la recette de toutes les matières & marchandiſes qui devront être employées dans les Chantiers ou Ateliers de leur Direction.

LE Directeur de chaque Détail aſſiſtera par lui-même, ou par les Officiers ou Ingénieurs-conſtructeurs ſous ſes ordres, à la recette qui ſera faite par le Commiſſaire du Magaſin général, de toutes les matières & marchandiſes qui devront être travaillées, converties ou employées dans les différens Chantiers ou Ateliers reſſortiſſans de ſa Direction, & de tous ouvrages relatifs à ſon Détail; & il veillera à ce que les Gardes du Pavillon & de la Marine, employés ſous ſes ordres, aſſiſtent toujours à ladite recette pour leur inſtruction.

82.

Les marchés & échantillons ſeront repréſentés lors de la recette.

LA réception deſdites fournitures ſera faite conformément aux États de Sa Majeſté, & aux marchés qui en auront été paſſés en préſence du Conſeil de Marine, leſquels ſeront lûs avant que de procéder à la recette; & ſeront les marchandiſes & ouvrages, confrontés avec les échantillons qui, lors de l'adjudication, auront été préſentés au Conſeil, & cachetés du cachet du Préſident, de celui de l'Intendant, de celui du Contrôleur & de celui de l'Entrepreneur ou Adjudicataire. Il ne pourra être fait aucune compenſation du fort au foible que par l'ordre exprès de Sa Majeſté; & l'on ſe conformera au ſurplus, pour ce qui doit être obſervé dans leſdites recettes, à ce qui eſt preſcrit par l'Ordonnance du 25 Mars 1765, *concernant la Marine, Titre LII, articles 703 juſqu'à 716,* & en ce qui n'eſt pas contraire à la préſente Ordonnance.

83.

DANS le cas où les Directeurs ne seroient pas de l'avis du Commissaire du Magasin général ou du Contrôleur, relativement à la qualité des matières, marchandises, munitions ou ouvrages présentés pour être reçus, il sera sursis à la réception d'iceux, & le Commandant ordonnera l'assemblée extraordinaire du Conseil de Marine, où seront lûs les rapports & avis desdits Directeurs, Commissaire & Contrôleur, qui dans ce cas-là n'auront pas voix délibérative; & d'après l'avis du Conseil, lesdites fournitures seront acceptées ou rejetées. Mais si le Conseil estime qu'un nouvel examen desdites fournitures soit nécessaire pour décider son avis, il nommera tels autres Commissaires qu'il lui plaira choisir parmi ses Membres, pour procéder audit examen, & donnera son avis sur leur rapport; & dans le cas où l'objet desdites fournitures seroit considérable, les différens rapports des Directeurs, du Commissaire du Magasin général & du Contrôleur, & ceux des Commissaires du Conseil, ainsi que l'avis dudit Conseil, seront envoyés par le Président au Secrétaire d'État ayant le département de la Marine; & il ne sera procédé à la recette desdites fournitures, qu'après que Sa Majesté aura fait connoître ses intentions au Commandant & à l'Intendant.

Dans le cas de diversité d'avis sur la qualité des fournitures, le rapport en sera fait au Conseil de la Marine, qui en délibérera.

84.

LA police des Chantiers & Ateliers de l'Arsenal & des Vaisseaux, & tous autres Bâtimens désarmés dans le Port, appartiendra au Commandant, & sous son autorité au Directeur général de l'Arsenal, & aux Directeurs particuliers des trois Détails.

La police des Chantiers & Ateliers, & Vaisseaux, appartiendra au Commandant.

85.

LA police des Magafins & des Bureaux affectés aux cinq Commiffaires & au Contrôleur, celle des Bâtimens civils, des Hôpitaux & Bagnes, appartiendra à l'Intendant, & fous fon autorité au Commiffaire général & aux Commiffaires ordinaires, prépofés aux cinq Bureaux dans chaque Port.

86.

LES Contre-maîtres, Maîtres d'ouvrages ou d'ateliers, Ouvriers & Journaliers employés aux Chantiers & Ateliers, ou aux opérations & mouvemens du Port, ainfi que les Gardiens des Vaiffeaux ou autres Bâtimens flottans & machines à leur ufage; & les Guetteurs ou Obfervateurs de fignaux, feront & demeureront fous l'autorité du Commandant, & fous les ordres du Directeur général & du Directeur particulier du Détail auquel ils feront affectés; & feront au furplus fubordonnés en tout, à tous Officiers de Vaiffeau ou de Port, ou Ingénieurs-conftructeurs, chargés de la direction particulière des Chantiers & Ateliers, ou d'en fuivre les travaux.

87.

LES Gardiens des Bureaux des Commiffaires, ceux des Magafins, ceux des Chantiers & Ateliers, les Suiffes & Confignes des portes, & tous Entretenus pour le fervice & la garde des Hôpitaux & des Chiourmes, & la garde des Bâtimens civils, feront & demeureront fous l'autorité de l'Intendant, & fous les ordres du Commiffaire général & des Commiffaires ordinaires & furnuméraires.

88.

LA garde des portes de l'Arfenal, celle de l'avant-garde & de l'arrière-garde du Port, feront (fuivant le local) confiées aux Troupes du Corps-royal d'Infanterie de la Marine, conformément à l'article 4 de l'Ordonnance du 8 Novembre 1774, & leurs Corps-de-garde feront dans l'intérieur de l'enceinte : Les mêmes Troupes garderont les Magafins à poudre & le Parc d'Artillerie.

89.

L'OFFICIER de garde à la Patache obfervera foigneufement fi les Bâtimens qui entrent dans le Port n'ont point à bord quelques Étrangers ou perfonnes inconnues ; & en ce cas, il les fera conduire chez le Commandant du Port : mais fi ce font des perfonnes de confidération, il prendra feulement leurs noms & logemens fur un billet qu'il enverra au Commandant. Il ne laiffera fortir du Port aucuns Bâtimens, fans préalablement les avoir fait vifiter, afin de s'affurer qu'ils n'emportent aucuns Effets appartenans au Roi.

L'Officier de garde à la patache arrêtera les Étrangers.

90.

INDÉPENDAMMENT de la Garde, il y aura à chaque porte ou iffue de l'Arfenal, conformément à l'article 4 de ladite Ordonnance du 8 Novembre 1774, un Suiffe ou Configne qui fera en pofte fixe, pour faire connoître aux Sentinelles & aux Corps-de-garde, les Ouvriers ou autres gens qu'on pourra laiffer entrer & fortir, & qui auront un fervice habituel à remplir dans l'Arfenal, & pour recevoir les billets pour la fortie des Effets qui devront être convertis en ouvrages hors de l'Arfenal, portés à bord des Vaiffeaux, & prêtés ou vendus à des particuliers ; lefquels billets ledit Suiffe ou Configne remettra tous

Il y aura un Suiffe ou Configne établi à chaque porte de l'Arfenal.

les foirs, après le travail du Port, à l'Intendant, pour être par lui examinés & vérifiés.

*La Garde
obfervera
foigneufement
ceux qui entrent
ou qui fortent.*

91.

LA garde des portes de l'Arfenal obfervera foigneufement ceux qui entrent ou qui fortent, arrêtera ceux qui emporteront des Effets, & qui n'auront point un billet de fortie figné du Commiffaire du Magafin général, ou de celui des Chantiers & Ateliers, fuivant la nature defdits Effets ; & défendra abfolument l'entrée à tout Étranger, s'il n'eft muni d'une permiffion par écrit du Commandant, & même aux Habitans du lieu, s'ils ne font pas très-connus ou accompagnés d'un Officier ou autre perfonne connue qui en répondra, & qui fera obligé de donner le nom de l'Habitant & le fien au Corps-de-garde, pour être rapporté au Commandant du Port.

*Ouverture
des portes.*

92.

LES portes & iffues de l'Arfenal feront fermées & ouvertes aux mêmes heures que les chaînes du Port, & la clef de chaque porte fera dépofée au Corps-de-garde établi à terre, duquel fera tirée la Sentinelle.

*Comment les portes
feront gardées.*

93.

LA garde des portes & iffues de l'Arfenal, pour les Suiffes ou Confignes, ne fera que depuis leur ouverture jufqu'à leur fermeture ; & fi des travaux extraordinaires exigent que quelqu'une defdites portes ou iffues foit ouverte pendant la nuit, le Commandant en donnera l'ordre ; & en ce cas les Suiffes ou Confignes fe mettront à leur pofte que les Sentinelles ne quitteront ni de jour, ni de nuit, fous quelque prétexte que ce puiffe être.

94. EN

94.

En cas d'alarme ou d'accident, à moins que le befoin ne foit extrêmement preſſant, les portes de l'Arſenal reſteront fermées, juſqu'à ce qu'un Officier-major de la Marine ou un des Officiers attachés à la Direction du Port, ſe préſente pour laiſſer entrer ceux dont le ſecours eſt néceſſaire.

95.

Il y aura pendant la nuit, auprès de chaque Corps-de-garde une Chaloupe armée d'avirons pour porter, en cas d'accident ou de ſurpriſe, les Gardiens, Ouvriers & Soldats, où le befoin l'exigera.

Chaloupes & Eſcouades de ſecours.

96.

Il y aura toujours quelques Chaloupes armées de Nageurs & d'un Patron pour faire les rondes : Et dans les Ports où les rondes ne pourront ſe faire par mer, elles ſe feront par terre ſur les quais de l'Arſenal.

Chaloupes de ronde.

97.

La permiſſion d'entrer dans le Port & d'en ſortir, pour les Bâtimens François ou Étrangers, ſera donnée par le Commandant; & les Capitaines, Maîtres ou Patrons deſdits Bâtimens, s'adreſſeront pour l'obtenir, au Directeur du Port.

Le Commandant donnera la permiſſion d'entrer & de ſortir.

98.

Aucun Étranger, ni même les Habitans du lieu, ne pourront entrer dans les Vaiſſeaux ou autres Bâtimens déſarmés dans le Port, ſans la permiſſion par écrit du Commandant.

Aucun Étranger n'entrera dans les Vaiſſeaux ſans permiſſion.

Feux & Phares.

99.

LES Feux de fignaux & phares feront dans la dépendance du Commandant du Port qui en aura la police, & veillera au maintien du bon ordre & à la conduite des Gardiens & Guetteurs prépofés auxdits phares, ou entretenus pour avertir des évènemens du dehors. Lefdits Gardiens & Guetteurs rendront compte de ce qu'ils auront vu au Directeur du Port, qui portera auffitôt au Commandant les avis qui lui viendront par cette voie ; & s'il étoit fait des fignaux pendant la nuit, les Guetteurs en avertiront auffitôt le Directeur du Port & l'Officier de garde à l'Amiral.

Les Guetteurs & Obfervateurs de fignaux, rendront compte de ce qu'ils auront vu au Directeur du Port.

100.

TOUS les Officiers entretenus dans les Ports du Roi, pourront faire arrêter & emprifonner fur le champ ceux qu'ils verront commettre quelque excès ou défordre, & les ayant fait arrêter, ils ne pourront les mettre en liberté ; mais ils en rendront compte auffitôt au Commandant, fi c'eft un homme qui appartienne au Militaire, ou qui foit employé dans un des trois Détails de l'Arfenal, Ouvrier, Journalier ou Gardien de Vaiffeau, ou qui foit de l'équipage d'un Vaiffeau armé ; & à l'Intendant, fi c'eft un Matelot non employé dans l'Arfenal ou non armé, ou Gardien de Bureau, Magafin, Chantier, Atelier & Bâtiment civil, ou Configne des portes, ou un homme attaché au fervice des Hôpitaux ou à la garde des Chiourmes.

Les Officiers entretenus dans les Ports pourront faire arrêter ceux qui le mériteront.

101.

VEUT Sa Majefté que tous crimes & délits, autres

Tous crimes, autres que vols

que vols, commis dans l'enceinte de l'Arfenal, par quelque perfonne que ce foit, foient jugés à l'avenir par le Confeil de guerre; dérogeant à toutes Ordonnances, Règlemens, Inftructions ou Commiffions à ce contraires : Entend toutefois Sa Majefté, que les crimes & délits commis dans les Magafins, dans les Bureaux des Commiffaires & Contrôleurs, dans les Hôpitaux, Bagnes & Salles de force, ainfi que tous vols commis, foit dans lefdits Magafins, Bureaux, Hôpitaux & Bagnes, foit en général dans l'enceinte de l'Arfenal, continuent d'être du reffort & de la juftice particulière de l'Intendant.

TITRE IV.

& délits commis dans l'enceinte de l'Arfenal, hors des magafins, des bureaux des Commiffaires, des Hôpitaux & Bagnes, feront jugés par le Confeil de guerre.

102.

DANS le cas où les crimes & délits reffortiront au Confeil de guerre, la plainte fera faite au Commandant, foit par les Directeurs de Détails, foit par les Commiffaires prépofés aux Bureaux, ou le Garde-magafin, fuivant la nature du délit; & ledit Commandant ne pourra refufer de recevoir ladite plainte, fans des raifons graves, dont en ce cas, il informera fur le champ le Secrétaire d'État ayant le département de la Marine, pour qu'il en foit rendu compte à Sa Majefté. Ladite plainte fera remife fans délai au Major de la Marine, ou en fon abfence, à l'Aide-major, qui dreffera fa requête au bas de la plainte; & ladite requête ayant été répondue par le Commandant, d'un *foit fait ainfi qu'il eft requis,* l'inftruction du procès fera faite, à la réquifition dudit Major, par le Prévôt de la Marine ou fon Lieutenant, en la manière accoutumée, & ainfi qu'il eft prefcrit par l'Ordonnance du 25 Mars 1765, *concernant la Marine,* Titre CII, *du Confeil de guerre.*

Comment fera inftruit le procès.

F ij

103.

DÉFEND Sa Majefté, à peine de la vie, à toutes perfonnes de faire du feu dans le Port & dans l'Arfenal, fous quelque prétexte & en quelqu'occafion que ce foit, fi ce n'eft dans les pigoulières & fourneaux deftinés à chauffer le brai, goudron & corroi pour les carenes; dans les Étuves & Goudronneries, ou endroits marqués par le Directeur général de l'Arfenal, pour plier les bordages, & dans les forges : Dans tous les cas, les feux feront veillés tant qu'ils feront allumés.

104.

Aucun Ouvrier ne fumera dans les lieux du travail.

SERONT punis, fuivant la conféquence du fait, ceux qui fumeront dans les Ateliers du Port & autres lieux des travaux.

105.

Feux défendus dans les logemens de l'Arfenal.

FAIT Sa Majefté très-expreffes inhibitions & défenfes à tous Gardiens & autres logés dans l'enceinte des Arfenaux de la Marine, d'avoir du feu dans leur logement ou d'en allumer après neuf heures du foir, fi ce n'eft dans le Corps-de-garde des Troupes; & ceux qui, dans le temps permis, auront des chandelles allumées, feront obligés de les tenir dans des lanternes, à peine de cinquante livres d'amende contre les contrevenans, & d'être chaffés de leurs logemens.

106.

Logemens défendus dans l'enceinte de l'Arfenal.

AUCUN Officier, Commiffaire des Ports & Arfenaux, Contrôleur de la Marine, ou Ingénieur-conftructeur, ne pourra loger dans les bâtimens des Arfenaux & dans l'enceinte du Port, fous quelque prétexte que ce foit.

Veut Sa Majefté que ceux qui y feroient actuellement logés, aient vidé les lieux fix mois après la publication de la préfente Ordonnance : Enjoint aux Commandans & Intendans de fes Ports, de tenir févèrement la main à l'exécution du préfent article, à peine de répondre de l'infraction en leur propre & privé nom. N'entend toutefois Sa Majefté, comprendre dans la préfente prohibition le logement affecté, dans le Port de Breft, près l'arrière-garde, à un des Officiers de Port ; & fe réferve d'en deftiner un pour le même objet à Toulon & à Rochefort, afin qu'il couche dans chaque Arfenal un defdits Officiers, pour faire les premières difpofitions de fecours en cas d'incendie.

TITRE IV.

107.

VEUT au furplus Sa Majefté, que tout ce qui eft prefcrit par l'Ordonnance du 25 Mars 1765, *concernant la Marine*, Livre VI, *de la garde, fûreté, police & confer-vation des Ports & Arfenaux*, foit maintenu & fuivi en tout ce qui n'eft pas contraire à la préfente Ordonnance, & dans les points auxquels il n'a pas été pourvu.

Renvoi à l'Ordonnance de 1765, pour les cas non prévus.

108.

LORSQUE Sa Majefté aura ordonné des conftructions ou autres ouvrages dans les départemens du Havre, de Dunkerque, de Bordeaux ou dans d'autres Ports, Elle nommera les Capitaines de Vaiffeau & autres Officiers de fa Marine, & les Ingénieurs-conftructeurs qui devront diriger lefdites conftructions & ouvrages ; les Commiffaires généraux ou ordinaires, Ordonnateurs, les Contrôleurs, les Gardes-magafins & tous autres, fe conformeront, chacun pour la partie qui le concerne, & autant que le

Ce qui fera pratiqué dans les départemens du Havre, de Dunkerque, de Bordeaux, & les autres Ports.

local & les circonſtances le permettront, à ce qui eſt preſcrit par la préſente Ordonnance, pour le ſervice des Arſenaux dans les ports de Breſt, Toulon & Rochefort.

TITRE V.

Des Bureaux des Commiſſaires des Ports & Arſenaux de Marine.

109.

LA répartition des différens objets relatifs à l'admi-niſtration des Deniers & des Matières, & à la Comp-tabilité, ſera faite dans les cinq Bureaux de chaque Port, ainſi qu'il eſt preſcrit aux *Titres I.er & III de la préſente Ordonnance.*

110.

Tenue des regiſtres & forme des écritures.

LES Commiſſaires des Ports & Arſenaux de Marine, chacun dans leur partie, ſe conformeront, pour la tenue des regiſtres & des comptes, la forme des écritures, & tout ce qui concerne les fonctions qui leur ſont confiées, à ce qui étoit preſcrit aux Commiſſaires & autres Officiers d'Adminiſtration de Marine, par l'Ordonnance du 15 Avril 1689, *pour les Armées navales & Arſenaux de la Marine,* & celle du 25 Mars 1765, *concernant la Marine,* en obſer-vant de ſe renfermer exactement dans les ſeules fonctions qui leur ſont attribuées par la préſente Ordonnance, ſans jamais s'écarter de l'eſprit de ſes diſpoſitions.

TITRE VI.

Du Commandant dans le Port.

I I I.

LE Commandant exécutera & fera exécuter tous les ordres qui lui feront adreffés par Sa Majefté, & il exercera fes fonctions fuivant l'étendue de l'autorité qui lui eft donnée.

Autorité du Commandant.

I I 2.

IL veillera à ce que les Officiers de Vaiffeau, Officiers de Port, Ingénieurs-conftructeurs & tous autres fous fa charge, rempliffent exactement les fonctions qui leur font confiées; & il fera exécuter les Ordonnances, & maintiendra la difcipline dans tous les ordres, en ce qui le concerne, à peine de répondre du relâchement en fon propre & privé nom.

Le Commandant tiendra la main à l'exécution du fervice.

I I 3.

IL ordonnera des conftructions & radoubs, des armemens & défarmemens, & de tous les travaux, mouvemens & opérations du Port. Il aura fous fa charge & à fa garde les Vaiffeaux & autres Bâtimens défarmés dans le Port, & Machines à leur ufage; & ordonnera de la police des Chantiers & Ateliers & Vaiffeaux défarmés.

Ordonnera de tous les travaux, mouvemens & opérations du Port, & aura les Vaiffeaux fous fa charge.

I I 4.

IL pourvoira à la garde, à la confervation & à l'entretien des Vaiffeaux dans le Port, & à leur fûreté contre les accidens du temps & du feu, & contre les entreprifes

Pourvoira à la garde, confervation, entretien & fûreté des Vaiffeaux.

que les Ennemis pourroient faire. Il fera choix par pré-férence, dans les Invalides de la Marine, des Gardiens de Vaiffeaux & autres Bâtimens & Machines, autant que lefdits Invalides feront en état de remplir les fonctions auxquelles ils feront deftinés ; & il prendra dans les Officiers-mariniers de Pilotage, les Guetteurs & Obfer-vateurs de fignaux.

115.

IL fera la répartition dans chacun des trois Détails de l'Arfenal, des Officiers de Vaiffeau ou de Port, & des Ingénieurs-conftructeurs, qui y feront fixément attachés, ainfi que de tous Entretenus & Employés fous fes ordres ; & il emploiera les Lieutenans & les Enfeignes de Vaiffeau qui ne feront point deftinés à la mer, ni attachés fixément à un des trois Détails, à fuivre tous les travaux des Chantiers & Ateliers, & à la vifite des Vaiffeaux défarmés dans le Port, conformément à ce qui eft prefcrit au *Titre II de la préfente Ordonnance.*

116.

IL fera tenir, à cet effet, par le Major de la Marine & des Armées navales, un regiftre de tous les Officiers & Ingénieurs-conftructeurs, dans lequel la deftination particulière de chacun fera marquée.

117.

IL enverra tous les ans au Secrétaire d'État ayant le département de la Marine, les apoftilles des Officiers & Ingénieurs-conftructeurs fous fa charge, pour faire connoître ceux qui fe diftingueront par leur zèle & capa-cité, & par leurs talens, ainfi que ceux qui montreront
de la

de la négligence pour le service, ou qui y auront peu d'aptitude.

118.

L'INTENTION de Sa Majesté étant qu'à l'avenir les Ingénieurs-constructeurs soient destinés à la visite des forêts ; qu'ils y fassent le choix des arbres propres à être employés pour le service de la Marine ; qu'ils y règlent les dimensions des pièces & leur destination ; & rendent compte au Commandant & à l'Intendant, de toute la suite des opérations dont ils seront chargés dans lesdites forêts ; le Commandant, sur la connoissance qui lui sera donnée par le Secrétaire d'État ayant le département de la Marine, ou par l'Intendant du Port, des marchés qui auront été passés, & du temps où les bois devront être rendus dans le Port, proposera à Sa Majesté ceux des Ingénieurs-constructeurs & des Contre-maîtres de construction qui paroîtront les plus propres à en être chargés : & pour se déterminer sur le choix desdits sujets, il prendra l'avis du Directeur général, du Directeur des Constructions & de l'Ingénieur-constructeur en chef.

Proposera à Sa Majesté les Ingénieurs-constructeurs qui devront être envoyés dans les forêts.

119.

SUR les rapports qui lui seront faits par le Directeur général, le Directeur particulier de chaque Détail, & l'Ingénieur-constructeur en chef, de l'activité & du mérite des différens Maîtres & Ouvriers, il règlera, de concert avec l'Intendant, la paye desdits Maîtres & Ouvriers, & les augmentations dont ils seront jugés susceptibles, ou les diminutions que leur négligence devra mériter ; & dans le cas où il y auroit diversité d'avis sur le fait de la paye des Ouvriers & Journaliers, entre lesdits Commandant & Intendant, il sera sursis à la fixation , & ils en

Règlera la paye des Maîtres & Ouvriers, de concert avec l'Intendant.

G

rendront compte, chacun de leur côté, au Secrétaire d'État ayant le département de la Marine.

120.

Donnera l'ordre pour faire ceſſer le travail en cas de mauvais temps.

LORSQUE le mauvais temps obligera de faire ceſſer les travaux dans les Chantiers ou Ateliers découverts, le Commandant donnera l'ordre pour faire ſonner la cloche qui annoncera la ceſſation du travail, & déſignera les Ateliers où le travail ne devra pas être diſcontinué.

121.

Fera de fréquentes viſites des Vaiſſeaux & Ateliers.

IL fera le plus ſouvent qui lui ſera poſſible, la viſite des Vaiſſeaux ou autres Bâtimens déſarmés dans le Port, de ceux en conſtruction & en radoub, & de tous les Chantiers & Ateliers de l'Arſenal.

122.

Fera la viſite des différens Magaſins.

IL fera auſſi ſouvent qu'il le jugera à propos, ou fera faire par le Directeur général & les Directeurs particuliers, la viſite des différens Magaſins, que le Commiſſaire du Magaſin général ſera tenu de faire ouvrir à la première réquiſition qui lui en ſera faite, & où le Garde-magaſin ſera toujours préſent par lui ou l'un de ſes Commis.

123.

Veillera ſoigneuſement à l'entretien des Vaiſſeaux, & s'occupera de connoître leur ſituation.

IL veillera & fera veiller par le Directeur général, à ce que le Directeur & le Sous-directeur des Conſtructions, & l'Ingénieur-conſtructeur en chef, faſſent de fréquentes viſites des Vaiſſeaux & autres Bâtimens déſarmés dans le Port, & que leſdits Bâtimens ſoient carénés auſſi ſouvent qu'il eſt preſcrit par la préſente Ordonnance. Il diſtribuera les Ingénieurs-conſtructeurs ordinaires, de manière que chacun d'eux ſoit chargé nommément de l'entretien d'un certain nombre de Vaiſſeaux, & par préférence de ceux qu'il aura conſtruits : Il s'occupera à connoître exactement la fituation de chaque Vaiffeau & autre Bâtiment; & fur les rapports qui lui feront faits, il ordonnera fans délai les réparations d'entretien qui pourront prévenir la filtration des eaux, ainfi que les radoubs peu confidérables qui pourront arrêter le progrès du mal, & procurer la plus longue durée des Vaiffeaux.

124.

IL veillera pareillement, & fera veiller par le Directeur général à ce que le Directeur de Port vifite & faffe vifiter fouvent les amarres des Vaiffeaux, les faffe relever & manier une fois l'an, faffe remuer le left chaque fois qu'on donnera une carène aux Bâtimens, change de côté deux ou trois fois l'an les Vaiffeaux qui feront amarrés l'un auprès de l'autre, faffe couvrir de prélarts les panneaux & écoutilles, balayer & étancher les Bâtimens, & s'occupe affidument de tout ce qui concerne la propreté & la fûreté des Vaiffeaux, ainfi que l'entretien & le curage du Port & de la Rade.

Veillera à la propreté & à la fûreté des Vaiffeaux, & à l'entretien du port & de la rade.

125.

IL prendra connoiffance du fait du leftage & déleftage de tous les Bâtimens qui mouilleront dans le Port & dans la Rade, & chargera le Directeur ou le Capitaine de Port de ce Détail : Il veillera au furplus à ce que tout ce qui eft prefcrit pour le leftage & déleftage, par l'Ordonnance du 25 Mars 1765, *concernant la Marine, Titre XLIV*, foit maintenu & fuivi.

Prendra connoiffance du leftage & déleftage des Navires marchands.

126.

IL fe conformera, avec la plus grande exactitude, à l'état des ouvrages ordonnés, à proportion des fonds qui y auront été deftinés, & dont chaque mois l'Intendant

Se conformera à l'état des ouvrages ordonnés.

lui donnera connoiſſance par écrit ; & leſdits Commandant & Intendant concerteront enſemble leurs opérations reſpectives, de manière que les dépenſes des travaux, celles des approviſionnemens & les dépenſes fixes du Port, n'excèdent pas la quantité des fonds diſponibles, & que chaque dépenſe ſoit proportionnée aux fonds qui auront été aſſignés pour chaque objet.

127.

Aura connoiſſance de l'état des Magaſins.

LE Commandant aura pareillement connoiſſance chaque mois, & toutes les fois qu'il le requerra, de tous les Effets qui exiſteront dans les Magaſins, & de l'état des vivres exiſtans, par les inventaires dont l'Intendant lui fera remettre un double qu'il aura viſé.

128.

Aſſiſtera à toutes les recettes.

IL aſſiſtera par lui-même, ou par le Directeur général & les Directeurs particuliers, ou les Officiers & les Ingénieurs-conſtructeurs, ſous leurs ordres, à toutes les recettes de matières, munitions & marchandiſes quelconques, & ſignera aux procès-verbaux de réception, en ſe conformant au ſurplus à tout ce qui a été preſcrit à cet égard au *Titre IV* de la préſente Ordonnance.

129.

Se fera rendre compte & donnera ſes ordres tous les jours à une heure fixe.

IL ſe fera rendre compte tous les jours par le Directeur général, les Directeurs & les Sous-directeurs des trois Détails, & l'Ingénieur-conſtructeur en chef, du progrès des ouvrages & de tout ce qui concernera les Chantiers & Ateliers, & les Vaiſſeaux & autres Bâtimens déſarmés dans le Port. Il donnera tous les jours ſes ordres chez lui à une heure qu'il aura fixée ; & tous les Officiers &

autres qui auront des comptes à lui rendre & des ordres à recevoir, feront tenus de s'y trouver.

130.

IL enverra tous les mois au Secrétaire d'État ayant le département de la Marine, un extrait des ouvrages qui auront été faits aux Vaiſſeaux en conſtruction, en refonte ou en radoub, & dans chacun des Ateliers dépendans des trois Détails, afin que Sa Majeſté ſoit informée régulièrement de l'avancement des conſtructions & autres ouvrages.

Enverra tous les mois un État des journées & des matières employées dans chaque Chantier ou Atelier.

131.

IL fera dreſſer au commencement de chaque mois, un État des Vaiſſeaux, Frégates, Flutes, Corvettes & autres Bâtimens du Port; il y fera obſervé s'ils ſont à la mer, en conſtruction, en refonte ou en radoub; & la ſituation du corps de chaque Bâtiment y fera marquée. Ledit État ſigné du Directeur des Conſtructions & de l'Ingénieur-conſtructeur en chef, viſé du Directeur général & vérifié par le Contrôleur, fera envoyé tous les mois au Secrétaire d'État ayant le département de la Marine, par le Commandant qui le viſera, en fera dépoſer une copie au Contrôle & remettre un double à l'Intendant.

Enverra chaque mois un État des Vaiſſeaux.

132.

LORSQUE Sa Majeſté aura ordonné la conſtruction d'un Vaiſſeau ou de tout autre Bâtiment, & agréé l'Ingénieur-conſtructeur qui lui aura été propoſé par le Commandant, pour être chargé de ladite Conſtruction, ledit Commandant donnera ſes ordres au Directeur général pour que celui-ci faſſe faire par l'Ingénieur-

Fera faire les plans & devis des Vaiſſeaux dont la conſtruction aura été ordonnée.

conftructeur qui aura été agréé par Sa Majefté, les plans & devis du Vaiffeau ou autre Bâtiment ordonné. Ces plans & devis feront faits doubles & parfaitement femblables : ils feront approuvés du Directeur des Conftructions & de l'Ingénieur-conftructeur en chef, & vifés du Directeur général qui les remettra au Commandant pour être examinés dans le Confeil de Marine ; & ledit Commandant enverra lefdits plans & devis vifés de lui, & l'avis du Confeil fur iceux, au Secrétaire d'État ayant le département de la Marine.

133.

Fera dreffer un État général des Ouvriers, & un autre des matières néceffaires pour chaque conftruction

LORSQUE lefdits plans & devis auront été approuvés par Sa Majefté & renvoyés dans le Port au Commandant, pour être exécutés, ledit Commandant fera dépofer au Contrôle de la Marine une copie defdits plans & devis, & remettra la feconde au Directeur général qui fera dreffer par l'Ingénieur-conftructeur en chef, fous l'infpection du Directeur des Conftructions, deux États féparés, l'un des Ouvriers par quantité & efpèce, l'autre des matières quelconques, néceffaires pour ladite Conftruction ; & après que lefdits États auront été examinés & approuvés dans le Confeil de Marine, le Commandant en fera remettre à l'Intendant un double figné du Directeur des Conftructions & de l'Ingénieur-conftructeur en chef, approuvé du Directeur général & vifé du Commandant, afin que ledit Intendant puiffe ordonner la levée & la diftribution des Ouvriers, conformément à ce qui eft prefcrit au *Titre IV* de la préfente Ordonnance.

134.

En ufera de même pour les radoubs.

LE Commandant en ufera pour les refontes, radoubs

& autres ouvrages confidérables à faire à tous les Bâtimens flottans, ainfi qu'il eft prefcrit par les précédens articles, pour les Conftructions nouvelles.

135.

IL prendra les mefures néceffaires pour que les travaux ordonnés foient achevés dans les temps qui feront prefcrits par Sa Majefté, & il fera en forte que les Vaiffeaux qui auront été mis fur les Chantiers ou dans les Baffins, puiffent être conftruits ou refondus dans l'efpace de huit mois au plus tard.

Prendra les mefures néceffaires pour que les travaux foient achevés dans les temps prefcrits.

136.

DÈS que la quille d'un Vaiffeau ou autre Bâtiment fera pofée fur les Chantiers, il donnera fes ordres au Directeur général, pour que celui-ci faffe faire par le Directeur de Port, un État de tous les cordages, poulies, voiles, apparaux & uftenfiles quelconques, néceffaires pour l'entier Équipement du Vaiffeau ; ledit État figné du Directeur de Port, approuvé du Directeur général & vifé du Commandant, après avoir été examiné dans le Confeil de Marine, fera remis à l'Intendant qui ordonnera que les chanvres, goudrons, toiles & autres effets, matières & marchandifes néceffaires pour la fabrication & la préparation des agrès, apparaux & uftenfiles qui doivent compofer le Magafin particulier dudit Vaiffeau, foient délivrés du Magafin général aux Ateliers, à proportion des demandes qui en feront faites en la forme prefcrite au *Titre IV* de la préfente Ordonnance.

Fera préparer tout ce qui fera néceffaire au gréement du Vaiffeau en conftruction.

137.

LE Commandant donnera pareillement fes ordres au

Fera préparer tous les Effets

Directeur général, pour que celui-ci fasse préparer par le Directeur de l'Artillerie, les canons, affûts, armes & uftenfiles dépendans du Détail de l'Artillerie, qui feront néceffaires pour l'armement du Vaiffeau en conftruction ; & il en fera ufé à l'égard defdits Effets à préparer, ainfi qu'il eft prefcrit par le précédent article, pour les agrès & apparaux.

TITRE VI.
de l'Artillerie
néceffaires pour
l'armement
du Vaiffeau
en conftruction.

138.

Fera fournir
à l'Intendant
les Gabarres,
Chalans, &c.
& les efcouades
de Journaliers.

SUR les demandes qui lui en feront faites par écrit, par l'Intendant, il fera difpofer les Gabarres, Chalans & autres Bâtimens qui feront néceffaires pour les approvifionnemens ; & il lui fera fournir journellement le nombre de Journaliers qu'il demandera, pour le tranfport des effets & munitions de l'Arfenal.

139.

Vifitera
les Vaiffeaux
à armer.

SA MAJESTÉ ayant envoyé fes ordres au Commandant, pour les Vaiffeaux ou autres Bâtimens qu'Elle voudra faire armer dans le Port, il en fera lui-même la vifite, dans laquelle il fe fera accompagner par le Capitaine nommé pour commander chaque Vaiffeau, & les Officiers de fon État-major, par le Directeur général, le Directeur des Conftructions & l'Ingénieur-conftructeur en chef, pour conftater par un procès-verbal de vifite, fi le Vaiffeau eft en état de faire campagne, ou quel radoub il fera néceffaire d'y faire : ils en drefferont un État qui fera figné de tous les Officiers qui auront affifté à la vifite, & de l'Ingénieur-conftructeur en chef, & envoyé par le Commandant, qui le vifera, au Secrétaire d'État ayant le département de la Marine ; & il en fera remis un double à l'Intendant.

140. SI

140.

Si le radoub n'est pas considérable, le Commandant en ordonnera aussitôt l'exécution, & tiendra la main à ce que le Capitaine qui doit monter le Vaisseau, & tous les Officiers de son État-major, veillent exactement à la solidité du radoub & à l'accélération de l'ouvrage.

TITRE VI.

Ordonnera sur le champ le radoub s'il n'est pas considérable.

141.

Mais s'il est reconnu par la visite, que quelqu'un des Vaisseaux nommés pour être armés ait besoin d'un radoub trop considérable, & de manière que la diligence que Sa Majesté ordonnera en puisse être retardée, le Commandant en donnera avis au Secrétaire d'État ayant le département de la Marine, pour recevoir de nouveaux ordres; & cependant il ordonnera qu'il soit préparé sans délai, celui des Vaisseaux du même rang, & à défaut de ceux-ci, celui du rang le plus approchant au-dessus, qui pourra le plus tôt être mis en état de servir.

Dans le cas où un Vaisseau ne seroit pas en état de servir, ordonnera qu'il en soit préparé un autre.

142.

Si les chambres, les cloisons, les soutes & les autres distributions intérieures du Vaisseau ne sont point faites, il ordonnera qu'il y soit travaillé le plus promptement qu'il se pourra; à l'effet de quoi, il fera faire par le Directeur des Constructions & l'Ingénieur-constructeur en chef, sous l'inspection du Directeur général, un État détaillé de tout ce qui restera à faire au Vaisseau, ainsi que des matières & des Ouvriers nécessaires pour achever l'ouvrage : Cet État, revêtu des formes prescrites, sera remis à l'Intendant; & les demandes des matières ou effets, feront faites à proportion de l'avancement du travail,

Fera travailler sans délai à tous les emménagemens.

H

ainfi qu'il a été expliqué au *Titre IV* de la préfente Ordonnance.

143.

Tiendra la main à ce qu'il ne foit rien changé aux emménagemens.

DÉFEND Sa Majefté aux Commandans de fes Vaiffeaux & autres Bâtimens, de rien ajouter ou diminuer, fous quelque prétexte que ce foit, à ce qui aura été réglé par les plans & devis du Vaiffeau, examinés & approuvés par le Confeil de Marine, pour toût ce qui concerne les emménagemens, chambres & cloifons; ni de rien changer aux foutes du fond de cale, d'élever aucune teugue fur les dunettes, & de faire diminuer la longueur ou groffeur des mâts & vergues, à peine d'interdiction: Et fi pendant la Campagne lefdits Officiers-commandans fe permettoient de faire quelque changement auxdits emménagemens, ou quelque retranchement à la mâture, toutes chofes feront rétablies dans leur premier état, aux frais defdits Officiers, après le défarmement; à moins qu'ils ne juftifiaffent, dans le Confeil de Marine qui feroit tenu à cet effet, de la néceffité abfolue des changemens ou retranchemens qu'ils auroient faits. Enjoint Sa Majefté au Commandant de tenir févèrement la main à l'exécution du préfent article, à peine de répondre des contraventions en fon propre & privé nom.

144.

Fera la vifite des Magafins particuliers des Vaiffeaux qui devront être armés, & fera dreffer un État de ce qui manquera

LE Commandant fera lui-même la vifite du Magafin particulier de chaque Vaiffeau qui devra être armé; & fera accompagné par le Directeur général, le Directeur de Port, & le Capitaine nommé pour commander le Bâtiment: A l'effet de quoi, il lui fera remis un État, figné du Garde-magafin & vifé du Commissaire du Magasin général, de tous les agrès, apparaux & effets quelconques qui devront exister dans chaque Magasin particulier des Vaisseaux en armement; lequel État sera vérifié dans les Magasins : Et ledit Commandant fera dresser par le Directeur de Port, un second État, contenant tout ce qui manquera pour compléter l'équipement du Vaisseau; dans lequel État seront compris les futailles, ancres & autres effets qui, ne faisant pas partie du Magasin particulier, doivent être également portés sur l'inventaire d'Armement; en observant de se conformer, pour les qualité & quantité de chaque effet, aux Règlemens arrêtés par Sa Majesté : ledit État signé du Directeur de Port, approuvé du Directeur général & visé du Commandant, sera remis à l'Intendant, qui ordonnera la délivrance desdits effets ou des matières nécessaires pour les fabriquer, à proportion du progrès des armemens & des demandes qui en seront faites par écrit en la forme prescrite au *Titre IV,* & jusqu'à concurrence des quantités portées par ledit État.

TITRE VI.

pour le complet de l'Équipement.

145.

LE Commandant fera faire par le Directeur de l'Artillerie, un État des canons, armes, ustensiles & munitions de guerre nécessaires pour l'armement de chaque Vaisseau, conformément aux Règlemens arrêtés par Sa Majesté : ledit État, signé du Directeur de l'Artillerie, approuvé du Directeur général & visé du Commandant, sera remis à l'Intendant, qui ordonnera la délivrance desdits effets, à proportion des demandes qui en seront faites en la forme prescrite, & jusqu'à concurrence des quantités portées par ledit État.

Fera faire un État de tous les Effets d'Artillerie nécessaires pour l'Armement du Vaisseau.

TITRE VI.

*Veillera à ce que
les Officiers
qui doivent assister
à la Carène
y soient assidus.*

146.

LEDIT Commandant veillera à ce que les Directeurs des Constructions & du Port, & les Officiers & Ingénieurs-constructeurs sous leurs ordres, ainsi que les Officiers destinés à embarquer sur le Vaisseau, assistent régulièrement à la Carène, en suivent le travail, & donnent tous leurs soins, chacun dans le Détail dont il est chargé, à la solidité & à l'accélération de l'ouvrage.

147.

*Concertera,
avec l'Intendant,
l'époque des levées.*

IL concertera avec l'Intendant l'époque où les levées des Officiers - mariniers & Matelots devront arriver; & l'Intendant seul sera chargé de les ordonner & de l'opération de les réunir.

148.

*Veillera
à faire accélérer
l'Armement,
&
que les Vaisseaux
soient munis
de ce qui leur est
nécessaire.*

IL veillera à ce que les Officiers, par leur assiduité, fassent accélérer l'armement; qu'il en couche un à bord dès que l'arrimage du Bâtiment sera commencé; que les Vaisseaux soient munis des provisions de guerre & de bouche nécessaires, & que rien n'en retarde l'expédition.

149.

*Donnera avis
à l'Intendant,
des Vaisseaux
qui iront en rade,
& de ceux
qui rentreront
dans le Port.*

IL fixera le jour où un Vaisseau armé devra être mis en rade, & il en donnera avis par écrit à l'Intendant : Il en usera de même pour les Vaisseaux qui devront rentrer dans le Port.

150.

*Se concertera
avec l'Intendant,
pour les Bâtimens
de transport
à fréter à la suite
des Armées.*

DANS le cas où il seroit nécessaire de fréter inopinément des Bâtimens particuliers pour la suite de l'Armée, ou pour le transport de quelques munitions ou approvisionnemens à envoyer dans les Colonies, le Commandant se concertera avec l'Intendant, pour le fret desdits Bâti-mens, & il ordonnera les visites nécessaires pour s'assurer que ceux qui, par leur capacité, auront paru les plus propres à remplir ce service, sont en bon état ; il nommera au commandement un Maître - d'équipage, un Maître - pilote, ou même un Officier, suivant la conséquence de l'objet : Et lesdits Commandant & Intendant rendront compte dudit armement, chacun de leur côté, au Secrétaire d'État ayant le département de la Marine.

TITRE VI.

151.

LORSQUE les Vaisseaux venant de la mer, devront être désarmés & rentreront dans le Port, le Commandant assignera les postes qu'ils devront y occuper pendant leur désarmement; & ils y seront placés par le Directeur de Port, sous l'inspection du Directeur général.

Assignera les postes que les Vaisseaux en désarmement devront occuper.

152.

LORSQUE les Vaisseaux seront amarrés, il veillera à ce que les Capitaines qui les commanderont, fassent travailler avec diligence à leur désarmement, à ce que les Officiers en fassent accélérer le travail, par leur présence & leur assiduité à bord, & qu'il y couche toujours un Officier de l'État-major, jusqu'à ce que le Vaisseau soit entièrement désarmé.

Veillera à faire accélérer les désarmemens.

153.

IL donnera ses ordres au Directeur général, pour qu'il soit fourni par le Directeur de Port tous les secours de Pontons, Chalans, Chaloupes & autres Bâtimens néces-

Donnera ses ordres pour que les pontons, chalans, &c. soient fournis

faires au débarquement & transport des munitions pour l'accélération du désarmement.

154.

*Fera faire
la visite des agrès
& apparaux
du Vaisseau
désarmé.*

IL fera faire par le Maître - d'équipage, le Maître-mâteur, le Maître-canonnier, le Maître-voilier, le Maître-armurier, le Maître-tonnelier du Port, & les Maîtres du Vaisseau, chacun pour sa partie, en présence des Directeurs des trois Détails, de l'Ingénieur-constructeur en chef, & des Capitaine & Officiers du Vaisseau, chacun pour les objets qui les concernent, des visites exactes de la mâture, des chaloupes & canots, des fûtailles, des ancres, des voiles, agrès, apparaux, effets & ustensiles, & des canons, armes & munitions de guerre; auxquelles visites assisteront le Commissaire du Magasin général, le Garde-magasin & le Contrôleur. Chaque Directeur, pour sa partie, constatera, en suivant l'Inventaire d'armement, les choses en état de servir, celles qui auront besoin de réparation, & celles qui seront absolument hors de service; & il en dressera des États séparés, lesquels signés de lui, du Capitaine & des Officiers du Vaisseau, du Commissaire du Magasin général & du Garde-magasin, seront certifiés par le Contrôleur: Il sera remis au Commandant, par chaque Directeur, un double desdits États visé du Directeur général; & le Commissaire du Magasin général en remettra un double à l'Intendant.

155.

*Fera dresser
des États
de ce qui sera
à réparer
ou à remplacer.*

D'APRÈS cette visite, le Commandant donnera ses ordres au Directeur général, pour que chaque Directeur particulier dresse un État des effets dépendans de son Détail, qui seront à réparer, ou à remplacer dans le

Magafin particulier du Vaiffeau; afin que lefdits États, fignés des Directeurs, approuvés du Directeur général & vifés du Commandant, foient remis à l'Intendant qui pourvoira aux remplacemens, & ordonnera la délivrance des Effets qu'il faudra ajouter au Magafin particulier du Vaiffeau, lequel doit toujours être complet & en état, ou celle des matières néceffaires pour la fabrication defdits effets, au cas que le Magafin général n'en foit pas pourvu; lefquels effets & matières feront délivrés à proportion des demandes qui en feront faites audit Magafin, en la forme prefcrite au *Titre IV.*

156.

LE Commandant donnera fes ordres pour que toutes chofes provenant des Vaiffeaux défarmés, foient rapportées dans les Magafins, & y foient placées dans le meilleur ordre, par les gens de l'Équipage, fous la conduite des Officiers de l'État-major de chaque Bâtiment, & fous l'infpection du Directeur de Port.

Ordonnera que toutes chofes foient rapportées dans les Magafins.

157.

LE défarmement étant entièrement achevé, & l'Équipage congédié, le Commandant donnera fes ordres au Capitaine qui aura commandé le Vaiffeau, pour qu'il le remette au Directeur de Port, qui jufqu'alors ne doit être chargé que de la fûreté de fon amarrage.

Ordonnera que le Vaiffeau défarmé foit remis au Directeur de Port.

158.

LEDIT Commandant empêchera qu'il ne foit démonté aucune cloifon ni chambre des Vaiffeaux défarmés, fi ce n'eft pour les réparer, ou s'il n'eft décidé, dans la vifite prefcrite par l'article fuivant, d'en abattre quelqu'une pour

Empêchera qu'il ne foit démonté aucune cloifon ni chambre.

TITRE VI.

la plus libre circulation de l'air, ou pour visiter avec plus de facilité les parties intérieures du Vaisseau; auquel cas lesdites cloisons seront démontées sans les briser, & conservées pour le réarmement du Vaisseau. Il ordonnera qu'il soit fait par le Directeur de Port, en présence du Commissaire du Magasin général, du Garde-magasin & du Contrôleur, un Inventaire de tous les emménagemens & logemens subsistans, & des serrures, ainsi que des agrès, mâtures & autres effets restant à bord, lesquels demeureront à la charge & garde dudit Directeur; & il fera vérifier sur l'Inventaire d'armement, s'il n'a rien été changé auxdits emménagemens, soutes & cloisons, & aux dispositions établies & constatées lors de l'armement.

159.

Fera faire la visite du Vaisseau, & un devis des réparations à y faire.

APRÈS le désarmement, il ordonnera une visite exacte du dedans & du dehors du Vaisseau, & fera vérifier le devis qui en aura été remis par l'Officier qui l'aura commandé; laquelle visite sera faite par le Directeur général, le Directeur des Constructions, l'Officier commandant, celui qui étoit chargé du Détail, & l'Ingénieur-constructeur en chef, pour constater le radoub qu'il conviendra de faire au Vaisseau : Et après que la nécessité du radoub aura été reconnue dans le Conseil de Marine, & que le devis dudit radoub y aura été examiné, le Commandant ordonnera qu'il y soit incessamment travaillé, à moins que ledit radoub ne fût considérable; auquel cas ledit devis & l'avis du Conseil seront envoyés par le Commandant au Secrétaire d'État ayant le département de la Marine, pour qu'il en soit rendu compte à Sa Majesté.

160. IL

160.

Il ordonnera, fans délai, tous les ouvrages néceffaires pour remplacer les agrès, apparaux & uftenfiles qui auront été confommés pendant la Campagne, ou jugés hors de fervice lors de la vifite, & compléter le Magafin particulier du Vaiffeau.

161.

Au retour de chaque Campagne, il fera examiner dans le Confeil de Marine, les confommations qui auront été faites pendant la Campagne; & veillera à ce que l'Officier qui aura commandé le Vaiffeau, celui qui étoit chargé du détail & les Maîtres, ne foient payés de leurs appointemens & folde, qu'après que lefdites confommations auront été approuvées par le Confeil, conformément à ce qui fera prefcrit par la préfente Ordonnance, au *Titre XVIII, du Confeil de Marine permanent.*

162.

Il fe conformera au furplus, relativement aux fonctions qui lui font attribuées par la préfente Ordonnance, à tout ce qui étoit prefcrit, pour les mêmes fonctions, par l'Ordonnance du 25 Mars 1765, *concernant la Marine,* en ce qui n'eft pas contraire à la préfente, & pour les cas qui n'y ont pas été prévus.

I

TITRE VII.

De l'Intendant.

163.

Ordonnera
de la finance
& des
approvisionnemens.

L'INTENDANT départi dans un Port & Arsenal de Marine, ordonnera de la finance & de tout ce qui concerne les approvisionnemens & la comptabilité.

164.

Lieux
où il exercera
la Justice
& ordonnera
de la Police.

IL exercera la Justice & ordonnera de la Police dans les Magasins & les Bureaux des Commissaires, & dans l'enceinte des Hôpitaux, des Bagnes & Salles de force destinées pour les Chiourmes; il connoîtra de tous les vols commis dans l'enceinte de l'Arsenal, & l'instruction du procès en sera faite par le Prévôt de la Marine.

165.

Aura séance
aux Conseils
de guerre tenus
pour crimes commis
dans l'Arsenal.

IL aura séance avec voix délibérative à tous les Conseils de guerre qui seront tenus, pour juger les crimes & délits commis dans l'enceinte de l'Arsenal, & siégera après le Président & les Lieutenans généraux.

166.

Séance
au
Conseil
de Marine.

IL prendra pareillement séance après le Président & les Lieutenans généraux, & aura voix délibérative au Conseil de Marine.

167.

Tous les
approvisionnemens,

LES recettes des deniers, l'acquittement des dépenses

les revues des Officiers & de tous Entretenus dans le
Port, le payement des appointemens & folde, la levée
& la paye des Ouvriers, les marchés & adjudications,
les approvifionnemens, les vivres, la levée des équipages,
leur répartition dans les Vaiffeaux, & tout ce qui eft relatif
à ces objets, feront en entier du reffort de l'Intendant,
qui en rendra compte au Secrétaire d'État ayant le
département de la Marine.

168.

IL tiendra la main à ce que les Commiffaires, Contrôleur, Garde-magafins, Ingénieurs de la Marine pour les
Bâtimens civils, & tous autres qui font fous fa charge,
faffent leur devoir, chacun en ce qui regarde fes fonctions ;
& fi quelqu'un manque à l'exécution des ordres qu'il aura
reçus, concernant le fervice de Sa Majefté, il pourra
l'interdire.

*Tiendra la main
à ce que ceux
qui font
fous fa charge,
faffent leur devoir.*

169.

IL aura à fa nomination les places de Gardiens des
Bureaux des Commiffaires, de Gardiens des Magafins,
Chantiers & Ateliers, Hôpitaux, Bagnes & Bâtimens
civils, & les places de Suiffes & Confignes des portes
de l'Arfenal ; & il fera choix defdits Gardiens, par
préférence, dans les Invalides de la Marine, Matelots ou
Soldats, autant qu'ils feront en état de remplir les
fonctions auxquelles ils feront deftinés.

*Nommera
aux places
de Gardiens
des Magafins,
de Bureaux, &c.*

170.

IL donnera tous les jours, à une heure fixe, fes ordres
fur les parties du fervice qui lui font confiées. Le
Commiffaire général, les Commiffaires ordinaires & le

*Donnera
fes ordres
tous les jours
à une heure fixe.*

Contrôleur s'y trouveront, pour lui rendre compte des chofes dont ils font chargés.

171.

Fera exactement les Revues des Officiers de la Marine & autres, de tous Entretenus, des Troupes, &c.

IL fera ou fera faire par un des Commiffaires fous fes ordres, la revue des Officiers de Marine, Officiers de Port, Ingénieurs-conftructeurs, & tous Officiers-mariniers ou autres Entretenus, ainfi que celle des Compagnies des Gardes du Pavillon & de la Marine, lorfqu'il le jugera à propos, fans que le Commandant puiffe s'y oppofer : Il l'en préviendra feulement la veille, afin qu'il donne ordre au Major de faire avertir les Officiers & autres pour le lendemain; & ceux qui ne s'y trouveront pas, feront privés d'un mois entier de leurs appointemens, avec plus grande peine, s'il y échet : Lui défend Sa Majefté d'en employer aucun dans les Extraits qu'il enverra à la fin de chaque mois au Secrétaire d'État ayant le département de la Marine, s'il n'y a été effecti-vement préfent. Il fera pareillement faire, quand il le jugera à propos, par le Commiffaire prépofé aux revues, celles des Troupes de la Divifion du Corps-royal d'In-fanterie de la Marine, des Bombardiers & des Apprentis-canonniers, dont il fera pareillement envoyé des Extraits.

172.

Fera faire les Revues des Équipages au départ & à l'arrivée des Vaiffeaux.

IL fera faire les revues des Équipages, au départ & à l'arrivée des Vaiffeaux, par le Commiffaire départi au Bureau des Armemens & Vivres; & s'en fera remettre des Extraits, qu'il enverra au Secrétaire d'État ayant le département de la Marine.

173.

Ordonnera les approvifionnemens

LORSQUE Sa Majefté aura ordonné des conftructions,

radoubs, armemens ou autres travaux & opérations dans le Port, & que le Commandant aura fait remettre à l'Intendant l'État des matières & du nombre d'Ouvriers demandés pour l'exécution des ouvrages, ou celui des Officiers-mariniers & Matelots néceffaires pour former les Équipages des Vaiffeaux; ledit Intendant donnera fes ordres pour l'approvifionnement des matières & des vivres, & la levée des Ouvriers, Journaliers, Officiers-mariniers & Matelots; & en ordonnera la diftribution, ainfi que celle des Efcouades de Forçats, à proportion des travaux & armemens, & des demandes qui en feront faites en la forme prefcrite au *Titre IV* de la préfente Ordonnance.

TITRE VII.
*des matières,
& la levée
des Ouvriers
& Matelots
néceffaires
pour les travaux
& les Armemens.*

174.

LES Officiers-mariniers & Matelots de levée ne devant être envoyés à bord des Vaiffeaux qu'à proportion des progrès de l'armement, l'Intendant remettra ceux qui ne feront point encore diftribués, à la difpofition du Directeur de Port, pour être employés en qualité de Journaliers aux différens mouvemens du Port, jufqu'à ce qu'ils foient deftinés fur les Vaiffeaux; il fera veiller à ce que les appels en foient faits par les Commis aux appels, ainfi qu'il eft prefcrit pour les autres gens employés dans le Port.

*Remettra
les Matelots
non diftribués
fur les Vaiffeaux,
à la difpofition
du Directeur
de Port.*

175.

IL règlera de concert avec le Commandant, d'après les rapports qui lui feront faits par le Commiffaire départi au Bureau des Chantiers & Ateliers, la paye des Maîtres d'ouvrages, Chefs d'Ateliers & Ouvriers employés à la journée dans les Ateliers & Chantiers de l'Arfenal, & à tous travaux du Port, & les augmentations dont ils

*Règlera
de concert avec
le Commandant,
la paye
des Ouvriers.*

feront jugés fufceptibles, ou les diminutions que leur négligence aura méritées ; il fe conformera au furplus à ce qui eft prefcrit fur cet objet à l'*article 119.*

176.

Veillera à ce que l'emploi des matières foit exactement fuivi.

IL veillera à ce que le Commiffaire des Chantiers & Ateliers, & les Commis fous fes ordres, fuivent avec la plus grande attention l'emploi des matières qui auront été délivrées aux divers Chantiers ou Ateliers, pour y être travaillées ou converties, afin que tout foit effectivement & fidèlement employé par les Ouvriers.

177.

Fera fouvent la vifite des Magafins.

IL fera le plus fouvent qu'il le pourra par lui-même, & fera faire par le Commiffaire général & le Commiffaire départi au Magafin général, la vifite dudit Magafin, des Magafins particuliers des Vaiffeaux & de ceux de l'Artillerie ; il donnera fes ordres pour que les Magafins foient ouverts à la demande du Commandant & des Directeurs, toutes les fois qu'ils s'y préfenteront pour en faire la vifite, à laquelle le Garde-magafin fera préfent par lui ou l'un de fes Commis.

178.

Enverra un État des approvifionnemens néceffaires pour l'année fuivante.

L'INTENDANT dreffera au commencement du mois de Septembre de chaque année, un état apprécié des marchandifes & munitions néceffaires au fervice du Port & des Vaiffeaux, dont on devra s'approvifionner l'année fuivante, & où feront pareillement projetées les dépenfes & journées d'Ouvriers & autres quelconques, relativement aux travaux qui devront être exécutés, & dont l'État arrêté par Sa Majefté, fera adreffé en commun au Commandant

& à l'Intendant, par le Secrétaire d'État ayant le département de la Marine. L'État apprécié defdites marchandifes & munitions, fera examiné par le Confeil de Marine, conformément à ce qui fera prefcrit au *Titre XVIII, du Confeil de Marine permanent ;* & ledit État & l'avis du Confeil feront envoyés au Secrétaire d'État de la Marine par ledit Intendant qui pourvoira auxdits approvifionnemens, conformément aux ordres qui lui feront adreffés, & aux États de fonds expédiés par Sa Majefté, dont il lui fera donné connoiffance.

179.

LES marchés & adjudications de tous les ouvrages & approvifionnemens, & tous les traités pour fournitures quelconques, au-deffus de la fomme de quatre cents livres, feront faits & arrêtés par l'Intendant, en préfence du Confeil de Marine, dont les Membres figneront lefdits marchés, adjudications ou traités, conformément à ce qui fera prefcrit par la préfente Ordonnance au *Titre XVIII, du Confeil de Marine permanent.*

Il fera, en préfence du Confeil de Marine, tous marchés & adjudications.

180.

IL fera donné connoiffance tous les mois à l'Intendant, des travaux qui devront être exécutés pendant le mois, par les États que le Commandant lui en fera remettre vifés de lui ; & ledit Intendant donnera pareillement connoiffance par écrit audit Commandant, des fonds qui auront été deftinés pour les travaux, afin qu'ils puiffent combiner enfemble leurs opérations réciproques, dans la proportion des fonds difponibles & affignés pour chaque objet.

Communiquera au Commandant, l'État de fituation du Tréfor, & aura connoiffance des travaux ordonnés.

*Demandera,
par écrit,
au Commandant,
les Gabares
&
autres Bâtimens
dont il pourra
avoir besoin,
pour le transport
des Effets.*

181.

LORSQUE l'Intendant aura besoin des Gabares ou autres Bâtimens du Port pour le transport des approvisionnemens, ou pour quelqu'autre service, il en fera la demande par écrit au Commandant qui donnera ses ordres au Directeur général, pour que lesdits Bâtimens soient carénés, gréés & équipés ; & l'Intendant pourvoira à l'Équipage & aux vivres de ces Bâtimens dont le commandement sera donné à des Officiers ou à des Officiers-mariniers, qui seront choisis par le Commandant lorsqu'il n'y aura pas été pourvu par Sa Majesté.

182.

*Fera la demande
des Journaliers
dont il aura besoin
pour le transport
des Effets.*

L'INTENDANT fera pareillement la demande par écrit au Commandant, des escouades de Journaliers dont il aura besoin pour le transport des divers Effets, & lesdites escouades seront prises sur le nombre de celles qui seront affectées au service journalier de l'Arsenal, sous les ordres du Directeur de Port.

183.

*Ordonnera
de la disposition
& arrangement
des Effets dans
les Magasins,
& veillera
à leur conservation.*

LES marchandises & munitions étant reçues, l'Intendant veillera à leur conservation, & ordonnera de leur disposition & arrangement, en sorte que tous les Effets soient tenus en bon ordre. Entend néanmoins Sa Majesté, que le Directeur des Constructions, & les Ingénieurs-constructeurs, sous ses ordres, prescriront l'ordre & l'arrangement suivant lequel devront être placés les bois de construction & les mâtures de pièces d'assemblage qui seront déposés sous les hangars, ainsi que les mâts d'une seule pièce, mâts bruts ou autres bois qui pourront être

mis

mis dans l'eau; que le Directeur de Port prefcrira pareillement l'arrangement des agrès, apparaux, & autres effets & uftenfiles qui feront raffemblés dans les Magafins particuliers des Vaiffeaux, ainfi que des cordages & voiles dépofés dans d'autres Magafins; & que le Directeur de l'Artillerie prefcrira l'arrangement des effets dépendans de fon Détail.

184.

LA diftribution des munitions, marchandifes, vivres & effets quelconques, appartenans à Sa Majefté, fe fera par les ordres de l'Intendant, dans tous les lieux où ils devront être employés pour les conftructions, radoubs, armemens & expéditions des Vaiffeaux.

La diftribution s'en fera par fes ordres.

185.

IL fera à la fin de chaque année, un recenfement général de toutes les marchandifes, munitions de guerre ou de bouche & uftenfiles qui feront dans l'Arfenal, duquel il enverra copie au Secrétaire d'État ayant le département de la Marine, & dont il fera remettre au Commandant un double qu'il aura vifé.

Fera faire chaque année un recenfement des Effets.

186.

IL enverra tous les mois un extrait des matières qui auront été livrées des Magafins pour être travaillées ou converties dans les Chantiers ou Ateliers, des ouvrages fabriqués qui auront été livrés aux Magafins, & de la quantité d'Ouvriers, par efpèces, qui auront été employés dans l'Arfenal.

Enverra tous les mois l'extrait des matières employées, & le nombre des Ouvriers.

187.

LORSQU'UNE Conftruction aura été ordonnée, &

Fera délivrer les matières

K

TITRE VII.

*nécessaires
pour le gréement
& l'équipement
du Vaisseau
en construction
& en armement.*

que le Commandant aura fait remettre à l'Intendant les États visés de lui, des matières & munitions nécessaires pour la construction, le gréement & l'équipement du Vaisseau, ledit Intendant renverra lesdits États, avec son ordre au bas, au Commissaire du Magasin général, pour que celui-ci fasse délivrer aux Chantiers & Ateliers, les matières ou effets portés par lesdits États, à proportion des demandes qui en seront faites en la forme prescrite au *Titre IV* de la présente Ordonnance; & il veillera à ce que tout puisse être prêt & rassemblé dans le Magasin particulier du Vaisseau, aussi-tôt que le Bâtiment sera achevé d'être construit: Il en usera de même lorsque Sa Majesté aura ordonné des armemens dans le Port, ou qu'il s'agira de refontes ou radoubs; & il aura soin que, dans la partie qui le concerne, rien ne s'oppose à la prompte exécution des ouvrages, & à la célérité des armemens.

188.

*Fera tenir
les Registres
en règle.*

IL prendra garde que les Registres des Magasins, ceux du Bureau des Vivres & ceux du Contrôle, soient bien & fidèlement tenus; à l'effet de quoi, il les cotera & paraphera: & il arrêtera à la fin de chaque semaine, ceux du Magasin général, tous les mois ceux des Vivres, & tous les ans la balance des Recettes & Consommations du Magasin général, afin de faire observer le bon ordre dans chaque partie, & éviter toutes sortes d'abus.

189.

*Enverra
tous les mois
un bordereau
des dépenses.*

IL enverra, au commencement de chaque mois, au Secrétaire d'État ayant le département de la Marine, un Bordereau par colonnes, qui indiquera chaque nature des dépenses qui auront été faites pendant le mois précédent, & dans lequel feront rappelées celles des mois antérieurs de la même année, les payemens faits à-compte, & les reftans à payer fur icelles. Les Fonds reçus & l'objet des Recettes extraordinaires feront auffi portés fur le même État.

190.

IL fera connoître au commencement de chaque année par un État de fituation, les fonds qui auront été remis & les dépenfes qui auront été faites pendant l'année précédente, avec le produit général des Recettes extraordinaires & des quatre deniers pour livre.

Enverra tous les ans l'État de fituation des fonds remis & des dépenfes.

191.

IL arrêtera les comptes du Tréforier & du Munitionnaire général de la Marine, & fignera tous marchés d'achats & de fournitures des marchandifes, & de convertiffement.

Arrêtera les comptes du Tréforier & du Munitionnaire.

192.

IL fe fera remettre, au commencement de chaque mois, par le Commiffaire du Magafin général, un État en forme d'Inventaire, contenant cinq colonnes, dont la première indiquera ce qui reftoit à la fin du mois précédent, en marchandifes & munitions, diftinguées par efpèces, poids & mefures; la deuxième, ce qui aura été reçu dans le mois; la troifième préfentera le montant des deux premières colonnes; la quatrième, ce qui aura été délivré pendant le même mois; la cinquième, ce qui reftera à la fin dudit mois: & ledit Inventaire figné du Garde-magafin, vifé du Commiffaire du Magafin général & vérifié par le Contrôleur, fera envoyé tous les mois, au Secrétaire d'État ayant le département de

Enverra tous les mois l'inventaire du Magafin général.

la Marine, par l'Intendant qui le visera, en fera déposer au Contrôle une copie également visée de lui, & en fera remettre une pareille au Commandant.

193.

Enverra
l'État des Vivres.

IL fera connoître aussi tous les mois, par un État particulier, les vivres restans dans les Magasins du Munitionnaire; & il fera remettre au Commandant, un double dudit État qu'il aura visé.

194.

Ordonnera
des dépenses
& ouvrages
des
Bâtimens civils.

IL continuera d'ordonner des dépenses, ouvrages & réparations des Quais, Cales, Formes, Batteries du Port & de la Rade, & Bâtimens civils appartenans au Roi : Entend toutefois Sa Majesté, que les plans & devis appréciés desdits ouvrages, qui auront été dressés en conséquence de ses ordres, par l'Ingénieur de la Marine en chef dans cette partie, soient examinés au Conseil de Marine qui donnera son avis sur iceux, conformément à ce qui sera prescrit par la présente Ordonnance au *titre XVIII, du Conseil de Marine permanent.*

195.

IL se conformera au surplus, relativement aux fonctions qui lui sont conservées par la présente Ordonnance, à tout ce qui étoit prescrit pour les mêmes fonctions, par l'Ordonnance du 25 Mars 1765, *concernant la Marine,* en tout ce à quoi il n'a pas été dérogé, & pour les cas qui n'ont pas été prévus.

TITRE VIII.
Du Directeur général de l'Arsenal.

196.

LE Directeur général de l'Arsenal fera chargé, fous *Ses Fonctions.*
l'autorité du Commandant, d'infpecter tous les travaux,
mouvemens & opérations du Port; de voir fi le travail
des Chantiers fe fait avec ordre & économie, fi chaque
Directeur dans fon Détail, remplit exactement les fonctions
qui lui font ordonnées; fi tous les regiftres qui doivent
être tenus font en règle & à jour; fi les Officiers &
Ingénieurs - conftructeurs font affidus dans l'Arfenal aux
Détails dont la direction leur eft confiée, ou à la fuite
defquels ils font employés; fi la difcipline eft obfervée;
fi les Ouvriers font fuivis & furveillés dans l'emploi de
leur temps & des matières qui leur font livrées pour être
mifes en œuvre, & dans la manière dont ils exécutent
les ouvrages ordonnés; enfin fi chaque individu dans fa
partie, s'occupe avec zèle, affiduité & exactitude, de tout
ce qui peut concourir au bien général du fervice de Sa
Majefté.

197.

IL rendra compte de tout au Commandant, & prendra *Rendra compte*
fes ordres fur tout ce qui concerne les Détails de l'Arfenal, *de tout*
& en fon abfence aura les mêmes pouvoirs & fonctions, *au Commandant,*
jufqu'à ce qu'il en ait été autrement ordonné par Sa *& le fuppléera.*
Majefté.

198.

IL prendra féance à tous les Confeils de guerre tenus pour juger les crimes & délits commis dans l'enceinte de l'Arfenal, ainfi qu'au Confeil de Marine, & y aura voix délibérative.

199.

IL fe conformera au furplus, foit pour fes fonctions perfonnelles, foit pour l'infpection qu'il doit avoir fur celles des Officiers, Ingénieurs - conftructeurs, & autres fous fes ordres, à tout ce qui eft prefcrit par la préfente Ordonnance, au *Titre IV, de la direction des travaux & ouvrages, &c.* & aux inftructions particulières qui lui feront données par le Commandant.

T I T R E I X.
Du Commiffaire général.

200.

Ses Fonctions.

LE Commiffaire général des Ports & Arfenaux de Marine fera chargé, fous l'autorité de l'Intendant, d'infpecter le travail des cinq Bureaux des Commiffaires; de voir fi tous les comptes, regiftres & états font bien tenus & à jour, & fi tous les prépofés à la garde des Magafins, des Chantiers & Ateliers, ou employés dans les Hôpitaux & Bagnes, rempliffent avec affiduité & exactitude les fonctions qui leur font ordonnées.

201.

Infpectera particulièrement le Magafin général.

IL fera chargé particulièrement d'infpecter le Magafin

général & toutes les opérations de comptabilité qui y ont rapport.

202.

IL rendra compte de tout à l'Intendant, en l'abfence duquel il aura les mêmes pouvoirs & fonctions.

Rendra compte de tout à l'Intendant, & le fuppléera.

203.

IL aura féance & voix délibérative au Confeil de Marine.

Aura féance au Confeil de Marine.

TITRE X.
Du Directeur des Conftructions.

204.

LE Directeur des Conftructions aura infpection fur les Contre-maîtres de Conftruction, Maîtres Mâteurs, Charpentiers, Calfats, Perceurs, Forgerons, Menuifiers, Sculpteurs, Peintres, & fur tous les Maîtres d'ouvrages, Ouvriers & Journaliers employés dans les Chantiers & Ateliers dépendans du Détail des Conftructions, conformément à ce qui eft prefcrit aux *Titres I & II de la préfente Ordonnance.*

Sur qui il aura infpection.

205.

IL rendra compte, chaque jour, au Directeur général, de tout ce qui concerne le Détail qui lui eft confié.

Rendra compte chaque jour au Directeur général.

206.

IL fera très fouvent, & fera faire par les Officiers & Ingénieurs-conftructeurs attachés à fon Détail, la vifite

Fera fouvent la vifite des Vaiffeaux.

des Vaiſſeaux & autres Bâtimens déſarmés dans le Port, des machines à leur uſage, & des Mâtures, Chaloupes & Canots deſdits Bâtimens.

207.

Fera de fréquentes tournées aux Chantiers & Ateliers de ſon Détail.

IL fera de fréquentes tournées pendant les heures du travail, aux Chantiers & dans les Ateliers dépendans de ſa Direction, pour s'aſſurer de l'exécution des ordres qu'il aura donnés, & voir ſi les travaux & les Ouvriers ſont dirigés, ſuivis & ſurveillés avec aſſiduité & exactitude, par les Officiers & Ingénieurs-conſtructeurs.

208.

Remettra tous les mois au Directeur général, un État de ſituation du corps des Vaiſſeaux.

IL remettra tous les mois au Directeur général, un État de la ſituation du corps des Vaiſſeaux & de tous autres Bâtimens flottans, ainſi que de leurs Mâts, Vergues, Hunes, Chaloupes & Canots, dans lequel ſeront énoncées les réparations à faire auxdits Vaiſſeaux & à leurs Mâtures & Bâtimens à rames : lequel État ſigné de l'Ingénieur-conſtructeur chargé de l'entretien du Vaiſſeau, & des Officiers qui auront aſſiſté à la viſite, certifié du Directeur des Conſtructions & de l'Ingénieur-conſtructeur en chef, ſera viſé du Directeur général, qui le remettra au Commandant, pour être par celui-ci envoyé au Secrétaire d'État ayant le département de la Marine.

209.

Examinera & vérifiera les plans & devis des Vaiſſeaux.

LORSQUE Sa Majeſté aura ordonné quelque Conſtruction, & que le Commandant en aura fait paſſer l'ordre au Directeur général ; le Directeur des Conſtructions fera

dreſſer

dreſſer par l'Ingénieur-conſtructeur que Sa Majeſté aura agréé pour ladite Conſtruction, le plan du Vaiſſeau ou autre Batiment, lequel ſera double, parfaitement ſemblable, & accompagné des calculs, ainſi que de deux devis, l'un des bois & des fers néceſſaires pour ſon exécution, avec leurs dimenſions & les proportions de la mâture; & l'autre de la diſpoſition des logemens. Le Directeur des Conſtructions & l'Ingénieur-conſtructeur en chef, examineront, véri-fieront & approuveront conjointement leſdits plans & devis, leſquels ſeront viſés du Directeur général, & par lui remis au Commandant, pour être examinés au Conſeil de Marine.

2 1 0.

LES plans & devis ayant été approuvés par Sa Majeſté, le Directeur des Conſtructions fera faire l'État général des matières & du nombre d'Ouvriers néceſſaires pour l'exécution, conformément aux ordres qu'il aura reçus du Directeur général; & il en ſera uſé au ſurplus ainſi qu'il eſt preſcrit aux *Titres IV & VI* de la préſente Ordonnance.

Fera faire l'état des matières & des Ouvriers néceſſaires pour l'exécution.

2 1 1.

IL chargera l'Ingénieur-conſtructeur à qui l'exécution du Vaiſſeau aura été confiée, d'en tracer les gabarits, ſous ſon inſpection & celle de l'Ingénieur-conſtructeur en chef; il nommera un Sous-ingénieur-conſtructeur pour aider le premier dans cette opération, & ſuivre ſous lui tout le travail de la conſtruction; & il veillera à ce que les Gardes du Pavillon ou de la Marine, ſous ſes ordres, & les Élèves-conſtructeurs, y ſoient toujours préſens pour leur inſtruction.

Fera tracer les Gabarits.

L

*Veillera
à ce qu'il
ne soit fait
aucun changement
dans l'exécution
du plan.*

212.

IL donnera toute son attention & fera veiller soigneusement par l'Ingénieur-constructeur en chef, & les Officiers qu'il aura chargés d'inspecter la construction du Bâtiment, à ce que le plan approuvé soit exécuté avec la plus grande exactitude par l'Ingénieur - constructeur qui n'y pourra rien changer, sous quelque prétexte que ce soit, à peine d'interdiction.

213.

*Veillera
à l'économie
des bois,
& s'assurera
de leur qualité,
ainsi que de celle
des fers.*

IL tiendra sévèrement la main, ainsi que l'Ingénieur-constructeur en chef, à ce que l'Ingénieur chargé d'une Construction, ménage le bois avec la plus grande économie, en faisant servir utilement, & suivant leurs contours, les pièces qui auront été apportées sur le Chantier. Ils s'assureront que tous les bois qu'on emploie sont de bonne qualité : Ils prendront garde qu'on ne dégrade des pièces d'un fort échantillon pour les réduire à des dimensions inférieures : Ils s'assureront pareillement de la qualité des fers, & si l'on emploie le nombre nécessaire de chevilles & de clous conformément au devis ; enfin, ils veilleront soigneusement, ainsi que les Officiers que le Directeur aura préposés à l'inspection du travail, à tout ce qui peut contribuer à l'économie & au bon emploi des matières, ainsi qu'à l'accélération & à la solidité de l'ouvrage.

214.

*Il en usera
de même
pour les radoubs.*

LE Directeur des Constructions, l'Ingénieur-constructeur en chef, & les Ingénieurs-constructeurs ordinaires, suivront très - régulièrement la visite des Vaisseaux à radouber ; ils en feront l'examen avec la plus grande exactitude, & le travail en fera dirigé, infpecté & fuivi de la même manière qu'il eſt expliqué pour les Conſtructions.

2 1 5.

LORSQUE le Vaiſſeau devra être mis à l'eau, le Directeur chargera l'Ingénieur - conſtructeur qui l'aura conſtruit, de tout ce qui concerne la charpente du berceau.

Il chargera de la conſtruction du Berceau l'Ingénieur- conſtructeur qui aura conſtruit le Vaiſſeau.

2 1 6.

LE Directeur des Conſtructions, fera chargé de tout ce qui concerne la carène des Vaiſſeaux, chauffage, calfatage & corroi, à l'exception de la manœuvre pour les mâter, les virer en quille, les entrer dans le baſſin & les en ſortir, & tous autres mouvemens qui appartiennent au Détail du Port; il veillera à ce que les Gardes-feu ſoient ſolidement attachés, que les pompes & leurs plates - formes ſoient bien établies; que tous les ſecours contre le feu ſoient préparés; que le bardis ſoit bien fait, qu'il ſoit bien calfaté, ainſi que les ſabords, faux-ſabords & autres ouvertures; & il tiendra ſévèrement la main à ce que les Officiers & Ingénieurs-conſtructeurs qu'il aura chargés de l'infpection & de la direction du travail, y aſſiſtent aſſidument, & examinent avec la plus grande attention, ſi les liaiſons ſont ſolides, ſi aucune pièce ne largue, ſi les écarts ſont bien approchés, & s'il eſt néceſſaire de changer des chevilles & des clous, afin qu'il y ſoit remédié ſur le champ ; ils prendront garde auſſi que toute l'étoupe qu'on emploiera au calfatage, ſoit bien sèche & qu'il en ſoit mis une quantité ſuffiſante.

Sera chargé de la carène des Vaiſſeaux.

2 1 7.

IL fera prendre très-exactement l'arc des Vaiſſeaux qu'il

L ij

Fera prendre l'arc des Vaiſſeaux.

faudra caréner ou radouber dans les baffins, afin que leur quille appuie également, & fans effort fur les tins ou chantiers.

218.

Les Vaiffeaux qui auront navigué dans les mers chaudes, feront carénés en arrivant.

EN conféquence des ordres qu'il recevra du Directeur général, il fera chauffer, calfater & brayer, huit jours au plus tard après leur arrivée, les Vaiffeaux qui auront navigué dans les mers chaudes, afin de faire périr les vers qui auront piqué leur carène.

219.

Carène réglée des Vaiffeaux du Port.

IL fera caréner tous les trois ans, les Vaiffeaux qui refteront dans le Port; il leur fera donner une demi-carène chacune des autres années, & il marquera dans un Regiftre le temps où chaque Vaiffeau aura eu une carène entière ou une demi-carène.

220.

Fera calfater, réfiner & goudronner les Vaiffeaux.

IL fera calfater deux fois l'an, au-dedans & au-dehors, les Vaiffeaux du Port; favoir, au commencement de l'hiver & au printemps; & il les fera racler & réfiner par-dehors au mois d'Avril, & goudronner au mois de Septembre fans les racler; & tous les deux ans, au mois d'Août, il fera donner une impreffion de peinture à la fculpture & à l'accaftillage pour les conferver.

221.

Les Vaiffeaux défarmés ne feront chargés d'aucun fardeau.

IL prendra garde à ce qu'on ne laiffe dans les Vaiffeaux défarmés aucun fardeau qui puiffe leur nuire.

222.

Précaution pour la confervation des mâts.

LES Vaiffeaux ayant été démâtés au retour des campagnes, il veillera à ce que leurs mâts & vergues

d'affemblage foient placés fous des hangars couverts où
ils foient appuyés de diftance en diftance dans toute leur
longueur, & il les fera auparavant gratter & goudronner ;
& ceux qui ne feront point d'affemblage, feront placés
fous l'eau de mer, où ils feront contenus par des piquets
& traverfes, afin de les empêcher de prendre de faux plis ;
ou dépofés dans leur Vaiffeau refpectif ou fous des hangars,
conformément à ce qui fera ordonné par le Commandant.

223.

Si les Vaiffeaux reftent mâtés après leur défarmement,
il aura foin que le Maître-mâteur en vifite les mâts deux
ou trois fois par an ; & les fera gratter & réfiner autant de
fois qu'ils en auront befoin ; il obfervera fi la tête defdits
mâts eft couverte, & fera ôter une partie des coins, afin
de faciliter la circulation de l'air fur la partie du mât
comprife dans l'étambraye.

*Vifite
des mâtures
en place.*

224.

Il aura attention de faire foutenir les ponts par des
étançons ou épontilles, placés de diftance en diftance
fous les baux.

*Les Ponts
feront épontillés.*

225.

Il veillera à l'entretien & à la confervation des
Chaloupes & Canots, foit qu'ils aient été dépofés dans
les Vaiffeaux auxquels ils appartiennent, foit qu'ils aient
été mis fous des hangars, à flot, ou placés dans tout
autre endroit du Port ; il fera pareillement chargé de
l'entretien de tous les autres Canots & Chaloupes deftinés
pour le fervice journalier du Port.

*Confervation
des Chaloupes
& Canots.*

TITRE X.

Aura attention de faire calfater & brayer les endroits par où les eaux de pluie pourroient pénétrer dans les Vaisseaux.

226.

IL verra si les Gardiens des Vaisseaux & autres Bâtimens, ne laissent point séjourner sur les ponts les eaux de pluie, s'il ne s'en est point écoulé dans le fond de cale, ou s'il n'en a point filtré le long des membres, afin de faire aussitôt calfater & brayer les endroits par où elles auroient pénétré.

227.

Fera ajuster des gouttières aux dalots.

IL aura soin de faire ajuster à l'ouverture des dalots, des bouts de jumelles ou gouttières qui aient assez de saillie pour que les eaux du pont ne tombent point sur les côtés du Vaisseau en s'écoulant, & il aura attention de faire détacher le cul-de-lampe des bouteilles.

228.

Sabords de la seconde batterie fermés.

IL fera fermer par des panneaux de planches, les sabords de la seconde batterie ou autres qui n'auroient point de mantelets, afin d'empêcher les eaux de pluie de tomber sur les feuillets & de pourrir la tête des membres par leur filtration.

229.

Ouverture des écoutilles du premier pont.

IL fera lever les panneaux des écoutilles du premier pont, & il fera mettre au-dessus quelques planches entre lesquelles il restera du jour pour donner passage à l'air.

230.

Donnera son avis sur la distribution du lest dans les Vaisseaux désarmés.

POUR obvier autant qu'il sera possible à l'arc que prennent les Vaisseaux désarmés dans le Port, le Directeur des Constructions, l'Ingénieur-constructeur en chef & l'Ingénieur-constructeur ordinaire qui aura construit le Vaiſſeau, donneront leur avis fur la diſtribution & l'arrangement du leſt dans la cale, & ſur la quantité qu'on devra y en mettre.

231.

LORS du premier armement d'un Vaiſſeau, Frégate ou autre Bâtiment, le Directeur des Conſtructions & l'Ingénieur-conſtructeur qui aura conſtruit le Bâtiment, donneront leur avis à l'Officier qui le commandera, ſur la quantité & l'arrangement du leſt, ſur l'arrimage, ſur la poſition de la mâture, & ſur la quantité & la différence du tirant d'eau de l'avant à l'arrière, en leſt & en charge.

Donnera fon avis fur la diſtribution du leſt & l'arrimage au premier armement d'un Bâtiment neuf.

232.

LE Directeur des Conſtructions nommera pour aſſiſter à toutes les Recettes des bois de conſtruction, bois de mâture ou autres, des Officiers de ſon Détail & des Ingénieurs-conſtructeurs, leſquels donneront leur avis ſur la bonne ou mauvaiſe qualité de chaque pièce, examineront ſi toutes ſont des proportions ordonnées, & preſcriront l'ordre & l'arrangement ſuivant lequel les bois devront être placés dans les Dépôts, eſpèce par eſpèce, & ſuivant le rang des Vaiſſeaux auxquels ils ſeront propres, afin d'éviter les remuemens inutiles, en ayant attention de les diſpoſer de manière que les bois les plus anciens, qui devront toujours être employés les premiers, puiſſent être retirés avec facilité. Le Directeur & l'Ingénieur-conſtructeur en chef, qui ſe porteront à toutes les Recettes dans les cas qui l'exigeront, en ſigneront toujours les États, qui ſeront pareillement ſignés des Officiers & Ingénieurs-conſtructeurs qui y auront aſſiſté; & ils ſe conformeront au ſurplus, pour ce qui

Nommera des Officiers & Ingénieurs-conſtructeurs pour les recettes de bois & s'y portera lui-même.

concerne les Recettes, à ce qui est prescrit au *Titre IV*, de la présente Ordonnance. Les Gardes du Pavillon ou de la Marine attachés au Détail des Constructions, ainsi que les Élèves - ingénieurs - constructeurs , assisteront, pour leur instruction , à toutes les Recettes de bois.

233.

Nommera des Ingénieurs pour le choix des bois.

LE Directeur nommera toujours un Ingénieur ou un Sous-ingénieur-constructeur, pour être présent au choix des bois nécessaires aux diverses constructions & radoubs, & pour les mâtures & tous autres ouvrages, afin qu'il n'en soit pris dans les Dépôts, pour être transportés sur les Chantiers & dans les Ateliers, que de la qualité, du gabarit, de l'échantillon & des dimensions qui y conviendront.

234.

Se conformera à ce qui est prescrit au Titre IV, pour la direction des Chantiers & Ateliers.

IL se conformera au surplus , pour tout ce qui concerne la Direction des Chantiers & Ateliers ressortissans de son Détail, à ce qui est prescrit au *Titre IV* de la présente Ordonnance.

235.

Les plans & projets proposés par les Ingénieurs-constructeurs, seront examinés au Conseil de Marine.

LORSQU'UN Ingénieur ou sous-Ingénieur-constructeur, imaginera quelque plan particulier, ou dressera quelque projet qui renfermera des idées nouvelles, il le présentera à l'examen du Directeur des Constructions & de l'Ingénieur-constructeur en chef, qui en conféreront avec le Directeur général & le Commandant ; & si la matière leur paroît mériter d'être discutée & approfondie, le Commandant ordonnera que l'examen en soit fait dans le Conseil de Marine.

Dans

Dans le cas où l'Ingénieur-conftruéteur en chef aura lui-même quelque plan ou projet nouveau à mettre au jour, il en conférera avec le Direéteur des Conftruéions, le Direéteur général & le Commandant, & il en fera ufé de même.

236.

ENTEND Sa Majefté que les difpofitions de l'Ordonnance du 25 Mars 1765, *concernant les Ingénieurs-conftruéteurs de la Marine,* foient au furplus maintenues & fuivies en tout ce qui n'eft pas contraire à la préfente Ordonnance, & dans les points auxquels il n'a pas été pourvu.

TITRE XI.
Du Direéteur de Port.

237.

LE Direéteur de Port, conformément à ce qui eft prefcrit aux *Titres I.er & II de la préfente Ordonnance,* aura infpeéion fur le Maître d'équipage du Port, les Maîtres & Officiers-mariniers de manœuvre, les Maîtres de pilotage, Hauturiers, Côtiers, Lamaneurs, & fur tous autres Entretenus pour les opérations & mouvemens du Port, & non employés dans les Détails des Conftruéions & de l'Artillerie; fur les Maîtres & Ouvriers des Ateliers de la Corderie, de la Garniture, de la Voilerie, de la Poulierie, des Toiles, de la Tonnellerie, des Pompes, de la Serrurerie, de la Plomberie, de la Ferblanterie, de la Chaudronnerie, de la Vitrerie, & fur les Maîtres &

Sur qui il aura infpeéion.

M

Ouvriers employés dans les autres Ateliers dépendans de ces premiers; comme auffi fur les Gardiens de Vaiffeaux ou autres Bâtimens & machines à leur ufage; fur les Guetteurs ou Obfervateurs de fignaux, fur les Bateliers & Canotiers entretenus, fur les Gardiens de nuit, fur les Efcouades de Matelots ou Soldats employés en qualité de Journaliers, tant aux tranfports & mouvemens des bois ou autres effets, excepté ceux de l'Artillerie, qu'à toutes autres opérations du Port, & fur les Efcouades de Forçats employés auxdites opérations.

238.

Rendra compte de tout chaque jour au Directeur général.

LE Directeur de Port rendra compte chaque jour, au Directeur général, de tout ce qui concerne le Détail qui lui eft confié.

239.

Fera la deftination des Maîtres d'Équipage & de Pilotage.

IL fera la deftination des Maîtres d'Équipage, de Pilotage & autres Entretenus, & Officiers - mariniers fous fes ordres, & les répartira, foit dans les Ateliers dépendans de fon Détail, foit aux opérations & mouvemens du Port, fuivant les befoins du fervice & les demandes des Directeurs.

240.

Emploiera les Officiers-mariniers & les Gardiens de Vaiffeaux.

LORSQUE les Officiers-mariniers & les Gardiens ne feront point occupés au fervice des Vaiffeaux ou autres Bâtimens, il les diftribuera, pendant le jour, aux ouvrages auxquels ils feront jugés néceffaires; & il règlera les poftes auxquels ils devront fe rendre la nuit en cas d'accident.

241.

Répartira les Journaliers

LES Apprentis - canonniers qui feront employés aux mouvemens & opérations du Port, feront fous l'infpection du Directeur de Port qui en fera la répartition, ainsi que de tous les Journaliers & Escouades de Forçats qui feront destinés pour le Port, à proportion des besoins des différens Détails de l'Arsenal, & suivant les demandes qui lui en feront faites par les Directeurs desdits Détails.

242.

Lors des levées faites pour les Armemens, les Officiers-mariniers & Matelots ne devant être envoyés à bord des Vaisseaux que suivant le besoin de l'Armement, le Directeur de Port aura à sa disposition ceux qui n'auront point encore été distribués, & les emploîra aux différens travaux du Port, jusqu'à ce qu'ils soient destinés sur les Vaisseaux.

Les Matelots de levée qui ne seront point encore distribués, seront à sa disposition.

243.

Il fera fournir à l'Intendant, sur les ordres qu'il en recevra du Commandant, les escouades de Journaliers qui seront nécessaires pour le transport des Effets & leur arrangement dans les Magasins ou leur extraction desdits Magasins, & il veillera à ce que toutes ces opérations soient faites avec toutes les précautions convenables.

Fera fournir à l'Intendant : les Escouades dont il aura besoin.

244.

Lors des Armemens & des Désarmemens, il fera tenir prêts tous les secours de Pontons, Chalans, Chaloupes & autres Bâtimens nécessaires pour l'armement & le désarmement des Vaisseaux, & le transport à bord ou à terre des agrès, apparaux, canons, armes & munitions quelconques de guerre & de bouche; & il fera fournir à l'Intendant, sur l'ordre du Commandant, tous ceux desdits Bâtimens qui seront nécessaires, dans toute occasion, pour le transport des approvisionnemens.

Tiendra prêts les secours de pontons, chalans, &c. dont les Vaisseaux auront besoin, & en fera fournir à l'Intendant.

M ij

245.

IL prendra les ordres du Directeur général, pour faire par lui-même, & faire faire par les Officiers sous ses ordres, la visite des Magasins particuliers des Vaisseaux, des Salles à voiles, & de tous autres Magasins où pourront être déposés des cordages, pour s'assurer que lesdits cordages & les voiles ne s'échauffent pas, & connoître ce qui aura besoin d'être renouvelé ou remplacé dans les Magasins particuliers : Et dans toutes les occasions où il s'agira de faire des mouvemens dans lesdits Magasins, il prescrira l'ordre & l'arrangement suivant lequel les Effets devront être disposés ; & le Garde-magasin y sera toujours présent, par lui ou par l'un de ses Commis.

246.

IL remettra tous les mois au Directeur général, un État dans lequel il sera fait mention de ce qui manque à chaque Magasin particulier de Vaisseau, pour le complet de sa garniture, & si les ustensiles des divers Maîtres sont en état & en la quantité ordonnée pour le réarmement du Vaisseau ; & ledit État, approuvé du Directeur général, sera par lui remis au Commandant.

247.

LORSQU'IL s'agira de mettre des Vaisseaux à la mer, il fera disposer les rostures & bridures du berceau, les apparaux, s'il est nécessaire d'y en employer, & les cables & dromes qui devront servir de retenue : Le Directeur des Constructions, & sous ses ordres l'Ingénieur-constructeur qui aura construit le Vaisseau, étant chargés des autres dispositions concernant la mise à l'eau.

248.

DÈS que la quille d'un Vaiſſeau ſera poſée ſur les Chantiers, il remettra au Directeur général, un État des Cordages, Poulies, Toiles & autres choſes néceſſaires pour faire la garniture, le gréement & l'équipement du Vaiſſeau ; ledit État approuvé du Directeur général ſera par lui remis au Commandant, & il en ſera uſé d'ailleurs, ainſi qu'il eſt preſcrit au *Titre IV* de la préſente Ordonnance. Il ſe conformera pour les longueur & groſſeur des manœuvres, & pour les poulies, aux États arrêtés par Sa Majeſté.

249.

LES caliornes, poulies, rouets de cuivre, franc-funins, & tous autres agrès ou apparaux ſervant à la manœuvre des carènes & dépoſés dans les pontons ou ailleurs, ſeront à la charge & garde du Directeur de Port, lequel en fera ſa reconnoiſſance au bas de l'inventaire qui en ſera dreſſé en préſence du Commiſſaire du Magaſin général, du Garde-magaſins & du Contrôleur pour la décharge dudit Garde-magaſins, & ſera viſé du Directeur général & du Commandant.

Les poulies, caliornes, & autres effets de carène reſtans dans les pontons, ſeront à ſa garde.

250.

IL fera préparer les agrès & apparaux néceſſaires pour le carénage des Vaiſſeaux ; prendra garde que les aiguilles ſoient de longueur convenable, qu'elles ſoient bien ſaines & préſentées de manière à ne pouvoir offenſer les mâts ; que les ponts ſoient bien étançonnés aux endroits où les aiguilles devront porter ; que les caliornes ſoient bien garnies, & que les pontons ſoient auſſi pourvus de caliornes, franc-funins, barres & cabeſtans.

Fera préparer les apparaux néceſſaires à la carène.

TITRE XI.

*Prendra
les précautions
convenables
à la sûreté
du Vaiſſeau
en carène.*

*Prendra
les meſures
néceſſaires
pour qu'on puiſſe
éventer la quille,
& tenir le Vaiſſeau
ſur le côté.*

251.

IL veillera à ce que le leſt ſoit bien placé & retenu dans les parquets, afin que le Vaiſſeau puiſſe être abattu ſans accidens.

252.

IL prendra les meſures néceſſaires pour que la quille du Vaiſſeau ſe voie de bout-en-bout & parallèlement au-deſſus de l'eau lorſqu'il ſera entièrement abattu, & qu'il puiſſe demeurer ſur le côté tout le temps dont les Charpentiers & Calfats auront beſoin pour faire le radoub & le calfatage.

253.

*Lors des
Armemens,
dreſſera un État
de tous les Effets
qui manqueront
dans les Magaſins
particuliers,
pour les compléter.*

LORSQUE Sa Majeſté aura envoyé ſes ordres dans le Port pour des Armemens, le Directeur de Port remettra au Directeur général, un État de tous les Effets néceſſaires pour compléter le Magaſin particulier de chaque Vaiſſeau qui devra armer, ainſi que des articles relatifs à ſon équipement, conformément aux États arrêtés par Sa Majeſté ; ledit État approuvé du Directeur général, ſera par lui remis au Commandant ; & il en ſera uſé du reſte ainſi qu'il eſt preſcrit au *Titre IV* de la préſente Ordonnance.

254.

*Fera mettre
les Vaiſſeaux
en rade.*

LORSQUE les Vaiſſeaux ſeront armés & prêts à partir, & qu'il aura reçu l'ordre du Directeur général pour les mettre en rade, il y conduira ou fera conduire, ſous ſes yeux, par le Capitaine de Port, les Vaiſſeaux du premier & du ſecond rang, & ceux des troiſième, quatrième & cinquième rangs, les Frégates & autres Bâtimens, par les Lieutenans & Enſeignes de Port ; & ils ne pourront quitter ces Bâtimens qu'ils ne foient affourchés, fous peine d'en répondre.

255.

LES Vaiffeaux étant de retour, le Directeur obfervera, pour les rentrer dans le Port, ce qui eft prefcrit par le précédent article, pour les mettre en rade.

Les fera rentrer dans le Port.

256.

IL fe chargera des Vaiffeaux quand ils feront entièrement défarmés, fera la vifite des foutes & coffres à poudre, pour s'affurer qu'ils ont été nétoyés & balayés; pourvoira à leur amarrage, y diftribuera les Gardiens, & prendra toutes les précautions néceffaires pour leur fûreté.

Recevra les Vaiffeaux après leur défarmement, & pourvoira à leur amarrage.

257.

LORSQU'IL aura reçu les Vaiffeaux des Capitaines qui les commandoient, il fera fait par le Garde-magafins, en préfence du Commiffaire du Magafin général & du Contrôleur, un Inventaire de tous les emménagemens & logemens fubfiftans, & de toutes les ferrures, ainfi que des cables, cordages, rouets de fonte, mâts de huncs, affûts & autres Effets quelconques qui refteront à bord, lefquels, comme faifant partie du Vaiffeau, demeureront à la charge & garde du Directeur de Port, qui en fera fa reconnoiffance, pour la décharge du Garde-magafins, au bas dudit Inventaire qui fera vifé du Directeur général & du Commandant.

Fera un Inventaire des Effets reftans à bord.

258.

DÈS que les défarmemens feront achevés, le Directeur de Port examinera & fera examiner par le Maître

Vifitera les agrès après le défarmement.

d'Équipage du Port, & les Maîtres qui auront été employés fur chaque Vaiffeau, les agrès, cables, voiles, ancres & uftenfiles, conformément à ce qui eft prefcrit au *Titre VI, article 154* de la préfente Ordonnance, afin de conftater fur l'Inventaire, les chofes en état de fervir, celles à réparer & celles hors de fervice.

259.

Fera mettre à part les agrès de rebut.

IL aura foin qu'il ne foit rien remis dans les Magafins particuliers que ce qui fera en état de fervir ; que les cables & cordages qui ne feront plus propres aux armemens, foient mis à part & confervés avec attention pour les amarrages & les manœuvres du Port, & que le cordage qui fera mauvais foit féparé pour faire des étoupes ; que les voiles hors de fervice foient déralinguées & gardées pour faire des prélarts & fervir de fourrures ; & que les parties de gréement, apparaux & uftenfiles qui pourront fervir en les raccommodant, foient portées dans les Ateliers où elles devront être réparées.

260.

Fera arranger tous les Effets dans les Magafins ou dans les lieux qu'il affignera.

QUAND la féparation des Effets à conferver, de ceux à réparer, de ceux de rebut, aura été faite, il veillera à ce que tous les Effets dépendans des Magafins particuliers des Vaiffeaux y foient rapportés ; que les voiles, fûtailles, ancres & autres Effets non compris dans l'État defdits Magafins foient rapportés & arrangés dans les Magafins, ou aux lieux défignés, & dans l'ordre qu'il prefcrira, & que tout ce travail foit fait par les gens de l'Équipage de chaque Vaiffeau, fous la conduite des Officiers de chaque État-major.

261. IL

261.

IL fera employer pour les amarrages, des cables jugés hors de fervice pour la Mer, ou des cables du fecond brin, & des chaînes de fer dans les endroits où les cables pourroient fe couper.

Emploiera des cables vieux & des chaînes de fer pour l'amarrage des Vaiffeaux.

262.

IL aura attention que les Vaiffeaux foient, autant qu'il fe pourra, amarrés par les feconds fabords de l'avant & de l'arrière, plutôt que par les écubiers & les fabords de poupe, afin de foulager ces parties; & il veillera à ce que les Gardiens vifitent journellement les amarres.

Comment les Vaiffeaux feront amarrés.

263.

IL fera relever & manier une fois l'an, les cables d'amarrage; il les fera tourner bout pour bout, s'il eft néceffaire, en changeant leurs fourrures; & il aura foin de faire changer les cables auffi-tôt qu'ils paroîtront mauvais.

Fera vifiter les amarres une fois l'an.

264.

IL vifitera tous les jours, ou fera vifiter par les Officiers fous fes ordres, les Vaiffeaux défarmés dans le Port, pour voir s'ils font tenus propres, & fi leurs amarres font en bon état; & quoiqu'il ne foit pas chargé de l'entretien defdits Vaiffeaux, l'intention de Sa Majefté eft que s'il reconnoiffoit qu'ils ont befoin de quelques réparations urgentes, il en rendit compte fur le champ au Directeur général, qui prendroit les ordres du Commandant, pour que les réparations néceffaires fuffent faites fans aucun retardement.

Fera vifiter les Vaiffeaux tous les jours.

265.

IL fera démâter les Vaiffeaux, au retour des Cam-

N

pagnes, fi le Commandant le juge à propos; & s'ils restent mâtés dans le Port, il aura soin de faire couvrir la tête des mâts, & d'employer pour les tenir, des haubans & des étais jugés hors de service pour la Mer.

266.

Renouvellement & disposition du lest.

IL fera toujours tirer des Vaisseaux, le lest qui aura fait Campagne; il y en fera mettre de nouveau, & il consultera le Directeur des Constructions & l'Ingénieur-constructeur en chef, sur la quantité qu'il faudra y en mettre, & sur la manière de le distribuer qui paroîtra la plus avantageuse pour prévenir l'arc du Vaisseau.

267.

Fera visiter le lest dans le temps de chaque carène.

IL fera visiter le lest dans le temps de chaque carène, & le fera changer s'il le trouve sale. Il fera laver les fonds du Vaisseau; & lorsqu'ils feront bien nétoyés, il y fera mis de nouveau lest qui fera de cailloux nets & purgés de terre : il observera que ces opérations soient exécutées en moins de temps qu'il fera possible, afin de prévenir l'arc que le Vaisseau pourroit prendre en restant trop long-temps lège.

268.

Défendra aux Gardiens de loger dans les chambres des Vaisseaux.

IL ne permettra pas que les Gens destinés à la garde des Vaisseaux, logent dans les chambres réservées aux Officiers, mais dans la Sainte-barbe ou Entrepont.

269.

Veillera à ce qu'ils ne détournent aucuns Effets.

IL veillera à ce que lesdits Gardiens ne détachent & ne prennent aucun meuble appartenant au Vaisseau, coffres, armoires, tables, serrures, & à ce qu'ils n'emportent aucunes parties des agrès, sous prétexte qu'ils feroient ufés & hors de fervice: & il fera remis à chaque Gardien du Vaiffeau, lors du défarmement, copie de l'Inventaire des différens Effets reftans à bord, defquels il demeurera refponfable.

270.

IL défendra auxdits Gardiens, de faire du feu dans le Vaiffeau, fous les peines portées par les Ordonnances; & il leur enjoindra, s'ils ont befoin de lumière pour les vifites à faire, de la tenir toujours dans un fanal.

Leur défendra de faire du feu.

271.

IL leur recommandera de balayer promptement les neiges qui feront tombées fur le Vaiffeau, fur les amarres, cables & autres cordages.

Recommandera que les neiges foient balayées.

272.

IL fera, quand il fera à propos, enduire de goudron les prélarts & les brayes, pour les tenir bien étanchés; il fera mettre fur les caillebotis, des chevrons de planches en dos d'âne, & il les fera couvrir, ainfi que les écubiers, panneaux & efcaliers, de prélarts attachés avec des treffes clouées, afin d'empêcher qu'ils ne foient arrachés par les vents, & il ordonnera aux Gardiens d'en faire la vifite tous les foirs; il fera couvrir de la même manière la tête de l'étrave.

Fera mettre des prélarts par-tout où befoin fera.

273.

IL aura attention que les Gardiens vifitent les pompes chaque jour, & vident exactement l'eau des Vaiffeaux.

Veillera à ce que l'eau foit pompée.

274.

IL fera balayer par lefdits Gardiens, tous les deux

Propreté des Vaiffeaux,

jours au moins, les chambres, dunettes, gaillards, ponts, fonds de cale & préceintes du Vaisseau.

275.

IL fera suspendre, par les sabords des Vaisseaux & autres Bâtimens, des tronçons de cable, pour défendre leurs côtés de l'abordage & frottement des Chaloupes, Pontons & autres Bâtimens qui traverseront le Port, ou qui seroient amarrés aux Vaisseaux.

276.

IL recommandera aux Gardiens, d'ouvrir, pendant les jours de beau temps, les sabords de la première batterie, & d'ôter les prélarts de dessus les caillebotis, panneaux & autres ouvertures. Il fera, aussi souvent que le temps le permettra, suspendre à quelque mât ou long espare, un ou deux entonnoirs de toile ou manches-à-vent, pour porter un air plus sec & plus frais dans les cales, ou établira toute autre espèce de ventilateur capable de renouveler l'air.

277.

SI deux Vaisseaux sont amarrés l'un auprès de l'autre, il aura attention de les faire changer de côté deux ou trois fois l'an, plus souvent s'il est nécessaire, pour préserver le côté exposé aux rayons du soleil ou à l'humidité, d'en recevoir trop d'impression; il observera la même chose pour les Vaisseaux amarrés seuls dans certains endroits du Port moins favorables à leur conservation.

278.

IL aura attention que les Vaisseaux soient munis de haches, de seaux & de bailles, pour servir aux accidens du feu, & que la pompe portative qui fera donnée à chaque Vaiſſeau, ſoit toujours en état.

279.

IL prendra les ordres du Directeur général pour aſſigner les places auxquelles il pourra être permis aux Bâtimens marchands de s'amarrer, & ne les laiſſera entrer dans le Port, qu'après qu'ils auront déchargé leurs poudres, & autres matières combuſtibles; obſervant que ces Bâtimens ſoient toujours ſéparés & éloignés de ceux de Sa Majeſté.

Il aſſignera aux Navires marchands, les places où ils devront s'amarrer, & fera débarquer leurs poudres.

280.

IL veillera particulièrement à conſerver la profondeur dans le Port, dans les Baſſins & dans la Rade; & à ce que les corps - morts d'amarrages ſoient viſités & entretenus en bon état.

Veillera à conſerver la profondeur du Port & de la Rade.

281.

IL tiendra la main à ce que les Maîtres & Patrons de Navires & autres Bâtimens qui mouilleront dans la Rade, ou qui voudront ſe tenir ſur leurs ancres dans le Port, aient des bouées à leurs ancres pour les marquer ; & dans le cas où leſdits Maîtres ou Patrons contreviendroient à la préſente diſpoſition, l'Intendant, ſur la plainte qui en ſera faite par le Directeur de Port, les condamnera à cinquante livres d'amende.

Tiendra la main à ce que les Navires marchands aient des bouées ſur leurs ancres.

282.

IL fera marquer ſoigneuſement avec des corps flottans & baliſes fort reconnoiſſables, les rochers, bancs & autres dangers qui ſeront ſous l'eau, ſoit dans le Port, ſoit dans la Rade : Il aſſignera auſſi les endroits, ſoit dans

Fera marquer par des baliſes les bancs ou dangers.

la Rade, foit à proximité de la Rade, où l'on pourra jeter les décombres & les vafes qui proviendront du curage du Port; & il fe conformera au furplus à ce qui eft prefcrit par l'Ordonnance du 25 Mars 1765, *concernant la Marine, au Titre XLIII, de la confervation des Ports & Rades.*

283.

Sera chargé de veiller au leftage & déleftage des Navires marchands.

IL fera chargé, fous les ordres du Directeur général, de tout ce qui concerne le leftage & le déleftage des Navires marchands, & veillera à ce que tout ce qui eft prefcrit à cet égard par l'Ordonnance du 25 Mars 1765, *concernant la Marine, Titre XLIV,* foit exécuté & fuivi felon fa forme & teneur.

284.

Fera de fréquentes vifites aux Corderies & Ateliers fous fa direction.

IL fera fouvent des vifites aux Corderies, Étuves, Salles aux garnitures & aux voiles, aux Ateliers des Poulieurs & autres Ouvriers qui travaillent pour la garniture des Vaiffeaux, à l'Atelier de la Tonnellerie, & à tous autres reffortiffans de fa Direction, ainfi que dans tous les endroits où s'exécuteront les opérations ou mouvemens qu'il aura ordonnés, pour s'affurer que les Ouvriers & Journaliers font dirigés & furveillés affidument par les Officiers & autres fous fa charge.

285.

Se conformera ce qui eft prefcrit pour la direction des Ateliers.

IL fe conformera pour tout ce qui concerne la direction des Ateliers dépendans de fon Détail, à ce qui a été prefcrit au *Titre IV* de la préfente Ordonnance, & il s'attachera particulièrement à tout ce qui peut perfectionner la fabrication des cordages.

286.

Il aura foin que le chanvre foit bien efpadé, bien peigné & nétoyé d'ordures & de tout corps étranger; qu'il foit filé fin, uni & peu tors. Lorfqu'on goudronnera le fil-carret, il prendra garde que le fil, après avoir paffé rapidement dans l'auge, foit preffé de manière qu'il ne retienne que la quantité de goudron qui lui eft néceffaire; & il aura attention à ce que le cordage ne foit pas trop commis ni trop tors. Sa Majefté voulant que les cordages fabriqués dans fes Arfenaux ou ailleurs pour le fervice de fes Vaiffeaux & autres Bâtimens, aient une marque diftinctive; il aura attention qu'il foit mis dans chaque toron; favoir, dans le cordage blanc, un fil-carret goudronné; & dans le cordage goudronné, un fil-carret blanc.

287.

Il s'occupera dans la fabrication des poulies, de tous les moyens qui peuvent concourir à faciliter les mouvemens, & à prolonger la durée du cordage par la réduction des frottemens; & il fera donner aux poulies toute la légèreté dont elles peuvent être fufceptibles, fans perdre de leur folidité.

288.

Il aura foin que le travail de la garniture foit fait avec toute l'attention qu'il exige, qu'il n'y foit employé que du cordage qui n'ait éprouvé aucune altération, & qu'il y ait toujours un Officier préfent dans la Salle de la garniture, pour faire couper les manœuvres dormantes & courantes de la longueur dont elles doivent être.

Il obfervera qu'il n'y ait rien d'employé mal-à-propos, ni de diffipé ; & que les cordages foient empeignés, trans-filés, fourrés & garnis aux endroits néceffaires pour leur confervation.

289.

Attentions pour les voiles.

Il veillera à ce que les voiles foient taillées fur des dimenfions proportionnées à la hauteur des mâts & aux longueurs des vergues, d'après les proportions de la mâture qui lui auront été communiquées par le Directeur des Conftructions ; & il s'affurera que le fil qu'on emploie pour les coutures, ainfi que les cordages de ralingues, font de bonne qualité.

290.

Veillera fur tous les autres Ateliers de fon Détail.

Il aura la même attention pour que les travaux des autres Ateliers dépendans de fa Direction, foient exécutés avec les plus grands foins & la plus grande économie.

291.

Affiftera aux recettes des matières qui devront être mifes en œuvre dans les Ateliers de fon Détail.

Le Directeur de Port affiftera par lui-même ou par le Capitaine de Port & les Officiers fous fes ordres, à toutes les recettes qui fe feront des toiles, chanvres, brai, gou-drons, réfine, bois de mairain & toutes autres matières & marchandifes qui devront être travaillées ou converties dans les divers Ateliers reffortiffans de fa Direction, & veillera à ce que les Gardes du Pavillon ou de la Marine, fous fes ordres, y affiftent pour leur inftruction. Il fignera toujours les Procès-verbaux de réception, & fe conformera au furplus à ce qui eft prefcrit, pour ce qui concerne les Recettes, au *Titre IV* de la préfente Ordonnance.

TITRE XII.

TITRE XII.
Du Directeur de l'Artillerie.

292.

LE Directeur de l'Artillerie aura inspection fur les Compagnies de Bombardiers & d'Apprentis-canonniers, fur les Maîtres-canonniers entretenus, & fur tous les Maîtres & Ouvriers employés dans les Ateliers des affûts, du charronnage, des forges à l'ufage de l'Artillerie, de la fonderie, de la falle d'armes & autres dépendans de fa Direction, conformément à ce qui eft prefcrit aux *Titres I.er* & *II* de la préfente Ordonnance.

Sur qui il aura inspection.

293.

IL rendra compte chaque jour au Commandant & au Directeur général, de tout ce qui concernera le Détail qui lui eft confié : il fera de fréquentes tournées pendant les heures de travail, à l'Atelier des affûts, à ceux de la falle d'armes, ainfi qu'aux autres Ateliers dépendans de fa Direction, & dans tous les endroits du Parc d'Artillerie, où il aura ordonné quelques travaux ou mouvemens, pour s'affurer que les Officiers font affidus à leurs fonctions, & que les Bombardiers, Apprentis-canonniers & Ouvriers font dirigés, fuivis & furveillés dans toutes leurs opérations.

Rendra compte chaque jour au Commandant & au Directeur général.

294.

IL veillera à ce que les Bombardiers & Apprentis-canonniers foient inftruits & exercés, conformément à

O

Veillera aux Écoles & aux Exercices d'Artillerie.

ce qui eft prefcrit par les Ordonnances *concernant ces Compagnies :* & il tiendra la main à ce qu'il affifte toujours un Officier aux écoles des Apprentis-canonniers & aux exercices, tant à ceux defdits Bombardiers & Apprentis-canonniers, qu'aux exercices qui feront faits par les Compagnies du Corps-royal d'Infanterie de la Marine.

295.

Diſtribuera les Maîtres-canonniers & les Bombardiers aux différens ouvrages de l'Artillerie.

IL attachera les Maîtres-canonniers entretenus, aux diverfes fonctions qu'il jugera à propos de leur confier; & il emploiera les Bombardiers à l'arrangement, au nétoyement des canons & à tous les autres travaux relatifs à l'Artillerie.

296.

Diſtribuera les Apprentis-canonniers aux travaux de l'Artillerie, & aux opérations du Port.

APRÈS les heures d'école & d'exercice, & fur les ordres qu'il recevra du Directeur général, il diftribuera les Apprentis - canonniers, pendant le reftant de la journée, favoir; la moitié à faire des palans de canons, à garnir de bragues, des aiguillettes, à la compofition des artifices, & à tous les ouvrages du fait de l'Artillerie; & l'autre moitié aux ouvrages du Port, & particu-lièrement au gréement des Vaiffeaux, fous les ordres du Directeur de Port. Il fera conduire chaque Efcouade par un des Caps ou Sous-caps qui y font attachés; & fi les travaux de l'Artillerie n'exigent pas que la moitié des Apprentis-canonniers y foient employés, il remettra à la difpofition du Directeur de Port, tous ceux qui ne feront pas néceffaires pour les opérations de fon Détail.

297.

IL fera mettre en prifon ceux des Apprentis-canonniers

qui s'abfenteront de l'école, de l'exercice, ou des travaux auxquels ils auront été deftinés ; & leur folde leur fera retranchée pour le temps qu'ils fe feront abfentés , & pour les jours qu'ils feront détenus en prifon pour fautes commifes : Il fera remettre au Commiffaire prépofé aux revues, un état des Apprentis-canonniers qu'il aura fait mettre en prifon, dans lequel fera fpécifié le nombre de jours que chacun d'eux y aura été détenu.

TITRE XII.

Fera mettre en prifon ceux qui s'abfenteront.

298.

IL tiendra un Regiftre exact de tous les Canons de fonte & de fer qui feront dans l'Arfenal, dans lequel État il marquera les Fabriques où ils ont été coulés, leurs calibres, poids, longueurs & numéros, & les défauts qu'ils peuvent avoir. Il tiendra un femblable Regiftre de tous les mortiers, dans lequel feront marqués leurs différentes dimenfions, leur poids, la quantité de poudre qu'il faut pour les charger & le diamètre des bombes auxquelles ils peuvent fervir. Il dreffera un Inventaire des armes, effets, outils & uftenfiles quelconques à l'ufage de l'Artillerie ; & du tout il remettra chaque mois, un Extrait figné de lui, au Directeur général qui le remettra au Commandant.

Tiendra Regiftre des Canons, Mortiers & Effets dépendans de l'Artillerie.

299.

IL tiendra la main à ce que les Canons & Mortiers foient placés dans les endroits qu'il aura affignés d'après les ordres du Directeur général ; que les Canons de fonte foient féparés de ceux de fer & rangés par calibres ; que les affûts foient placés fous des hangars, après avoir été enduits de peinture ou de goudron ; & que ceux de chaque Vaiffeau foient marqués d'une même marque ; que les boulets foient mis dans leurs parquets & empilés

Il veillera à l'arrangement & à la difpofition de tous les Effets dépendans de l'Artillerie.

par calibres; que les bombes & les grenades chargées, les pots à feu, chemises soufrées & tous autres artifices, soient tenus dans des lieux sûrs & à l'abri de toute humidité; & que les armes soient rangées par calibres, qualités & espèces dans les Salles destinées à les recevoir, dont il réglera la distribution d'après le plan qui en aura été arrêté au Conseil de Marine; enfin, il veillera à ce que le Parc & tous les Magasins de l'Artillerie dont il a l'inspection, soient toujours en bon ordre & en bon état, & que les différens Effets y soient rangés d'une manière convenable pour leur conservation & facile pour le service.

300.

Fera la visite des Magasins.

IL prendra les ordres du Directeur général pour faire par lui-même ou faire faire par les Officiers sous ses ordres, la visite des Magasins de l'Artillerie, pour s'assurer de l'état & de la situation des divers Effets qui y sont déposés, & faire, en la forme prescrite au *Titre IV,* les demandes nécessaires pour réparer ou remplacer ceux desdits Effets qui auront besoin de réparations ou d'être renouvelés.

301.

Aura une clé des Magasins à poudre, & veillera à leur sûreté.

IL veillera à ce que tout ce qui est prescrit par les Ordonnances, concernant la garde & sûreté des Magasins à poudre, & les précautions à prendre, soit maintenu & suivi à la rigueur. Les poudres & artifices seront rangés par ses soins & par les Maîtres-canonniers, Bombardiers & Apprentis-canonniers, sous ses ordres, dans les Poudrières & Magasins destinés à les recevoir.

Il aura une clé desdits Magasins, dont l'ouverture ne pourra être faite, sous quelque prétexte que ce soit, qu'en présence de l'Officier d'Artillerie qu'il aura nommé

pour y a fter, & à qui il aura remis en main propre la
clé confiée à fa garde, & en préfence du Garde-magafins,
ou de l'un de fes Commis, & d'un Commis du Contrôle.

302.

IL fera l'épreuve des canons, mortiers, poudres &
armes deftinés pour le fervice des Vaiffeaux, vifitera
exactement chaque canon; examinera la qualité du métal,
s'il eft poreux, venteux ou chambré; fi le calibre eft
jufte, fi la pièce peut être bien pofée fur fon affût, fi elle
a été bien forée ou aléfée, & fi elle eft bien nette en
dedans; & en cas qu'elle ait quelque défaut, il la rebutera:
l'intention de Sa Majefté étant qu'il ne foit reçu aucuns
canons pour l'ufage de fes Vaiffeaux, qu'ils n'aient été
bien & dûment vifités & éprouvés en la manière prefcrite par les Ordonnances, & en préfence du Commiffaire
du Magafin général & du Contrôleur. Il fera pareillement
l'épreuve de la poudre & des armes à feu, conformément
à ce qui fe pratique.

*Fera l'épreuve
des Canons,
Armes
& Poudres.*

303.

IL fera faire les plate-formes des mortiers, fur les
Galiotes à bombes, & y fera embarquer & établir les
mortiers fur leurs affûts. Il fera pareillement chargé de faire
difpofer les artifices & les matières combuftibles dans les
Bâtimens deftinés à fervir de brûlots à la fuite des Armées.

*Fera faire
les plates-formes
des mortiers
fur les Galiotes,
& difpofer
les artifices
fur les Brûlots.*

304.

LORSQUE Sa Majefté aura ordonné des armemens
dans le Port, le Directeur de l'Artillerie prendra les
ordres du Directeur général, pour régler le nombre &
l'efpèce des canons qui devront être embarqués fur chaque
Vaiffeau; & il remettra au Directeur général un État

*Lors
des armemens,
dreffera un état
des Effets
d'Artillerie
néceffaires*

TITRE XII.

*pour l'armement
de chaque
Vaiffeau.*

qu'il aura figné, des armes, uftenfiles & munitions de guerre néceffaires pour l'armement de chaque Vaiffeau, en fe conformant, pour les quantités de chaque chofe, au règlement arrêté par Sa Majefté, à proportion du nombre & de l'efpèce des canons qui auront été réglés; & il en fera au furplus ufé ainfi qu'il eft prefcrit aux *Titres IV* & *VI* de la préfente Ordonnance.

305.

*Fera faire
la vifite des foutes
à poudre ,
parcs à boulets.*

Dès que le Vaiffeau aura été caréné, il fera vifiter la Sainte - barbe & fes emménagemens ; les foutes à poudre & celles des rechanges du Maître-canonnier; les coffres à poudre, les puits & parquets où l'on doit mettre les boulets; les crocs, boucles, organeaux & pentures de fabords ; les mantelets & tout ce qui appartient aux canons ; & il rendra compte au Directeur général, de l'état de toutes chofes, afin que celui-ci puiffe en inftruire le Commandant qui donnera fes ordres au Directeur des Conftructions, pour qu'il foit pourvu aux réparations néceffaires.

306.

*Fera connoître
à chaque maître
Canonnier ,
les canons
deftinés
à fon Vaiffeau.*

Il fera connoître à chaque Maître - canonnier, les canons qui feront deftinés pour fon Vaiffeau, afin que ledit Maître-canonnier faffe lui-même la vifite de fes canons; & le Directeur prendra foin qu'il ne les change pas, & qu'il ne s'en embarque pas au-delà du nombre ordonné.

307.

*Il nommera
un Officier
d'Artillerie
pour affifter
à la vifite
des canons.*

Il nommera un Officier d'Artillerie pour affifter à la vifite des canons & des affûts qui devront être embarqués, & à la délivrance des armes & de tous les effets dépendans de l'Artillerie; & il veillera à ce que les affûts conviennent aux pièces & à la hauteur des feuillets des Vaiffeaux fur lefquels ils devront être embarqués; que les boulets foient des calibres des pièces; que les cuillers, refouloirs, écouvillons, porte-gargouffes, & tous les uftenfiles du Canonnier, foient propres pour les pièces auxquelles ils doivent fervir, & qu'il y en ait la quantité contenue dans l'inventaire d'armement.

308.

LORSQU'IL fera queftion de délivrer les poudres aux Vaiffeaux qui feront en Rade, il nommera les Officiers qui devront affifter à cette délivrance, & il aura foin qu'on diftingue les poudres neuves de celles qui auront déjà fait Campagne, afin que celles-ci foient employées les premières.

Fera affifter un Officier à la délivrance des poudres.

309.

LORSQUE les Vaiffeaux revenant de la Mer feront défarmés, il fera faire par le Maître-canonnier du Port, la vifite des foutes & coffres à poudre, pour s'affurer que le Maître-canonnier du Vaiffeau les a bien fait balayer & nétoyer.

Fera vifiter les foutes à poudre au retour des Campagnes.

310.

SI pendant la Campagne il a crevé des Canons de fer & des armes à feu, le Directeur fe fera repréfenter les morceaux qui en feront reftés, & examinera foigneufement de quelle fabrique ils font, & leurs défauts pour y remédier.

Se fera repréfenter les morceaux des Canons qui auront crevé.

311.

APRÈS le défarmement, il fera replacer les Canons

fur leurs chantiers, quand ils auront été vifités, & il aura foin qu'ils foient goudronnés & qu'on y mette des tampons. Il fera ranger les affûts dans les Magafins, à moins que le Commandant n'ordonne qu'ils reftent en dépôt dans les Vaiffeaux auxquels ils appartiennent ; & il veillera à ce que toutes ces opérations foient faites par les Canonniers du Vaiffeau qui défarme.

312.

Il aura foin que les armes foient bien nétoyées par les Armuriers de chaque Vaiffeau avant que d'être rendues ; que celles qui feront en état foient remifes en leur ordre dans la Salle d'armes, & que les autres foient portées à l'Atelier des Armuriers, où elles feront réparées, pour être enfuite rapportées dans la Salle d'armes & rangées à leur place. Il remettra au Directeur général, un État qu'il aura figné, dans lequel il fpécifiera les armes qui auront été remifes au Magafin, & celles qui auront befoin de réparations : & ledit État, vifé du Directeur général, fera par lui remis au Commandant.

313.

Il fe conformera pour tout ce qui concerne la Direction des Ateliers dépendans de fon Détail, à ce qui eft prefcrit par la préfente Ordonnance au *Titre IV ;* & il donnera tous fes foins pour que les ouvrages y foient exécutés avec la plus grande folidité, & la plus grande économie de temps & de matières.

314.

Il affiftera par lui-même ou par les Officiers fous fes ordres, & fera affifter pour leur inftruction, les Gardes du Pavillon ou de la Marine de fon Détail, à

toutes

toutes les Recettes qui se feront de canons, armes, poudres, salpêtres, & généralement de toutes munitions, matières & marchandises à l'usage de l'Artillerie, ou qui devront être employées dans les Ateliers dépendans de sa Direction ; il signera toujours aux procès-verbaux de réception. Il se conformera au surplus à tout ce qui est prescrit pour les Recettes au *Titre IV* de la présente Ordonnance.

TITRE XII.

matières
& marchandises
à l'usage
de l'Artillerie.

315.

ENTEND Sa Majesté que l'Ordonnance du 5 Novembre 1766, *concernant les Compagnies d'Apprentis-canonniers ;* celle du 25 Mars 1765, *concernant la Marine,* pour ce qui est relatif au Détail de l'Artillerie ; & celle du 26 Décembre 1774, *pour rétablir les Compagnies de Bombardiers classés, &c.* soient maintenues & suivies en ce qui n'est pas contraire à la présente Ordonnance & dans les points auxquels il n'a pas été pourvu.

TITRE XIII.

Du Commissaire du Magasin général.

316.

LE Commissaire préposé au Magasin général, y sera présent pendant les heures du jour qu'il sera ouvert ; il examinera si les Livres de Recette & de Dépense sont tenus en la manière prescrite au Garde-magasin ; si tout y est énoncé & libellé par qualité, quantité, & jour d'entrée & de sortie des marchandises & munitions ; si

Sera
toujours présent
au
Magasin général,
& examinera
les livres
de Recette
& de Dépense.

P.

elles font bien rapportées dans le Livre de Balance, & fi les poids & mefures font exactement échantillés & étalonnés.

317.

Arrêtera les Recettes & Dépenfes.

IL paraphera tous les foirs & au bas de chaque page, fur les Regiftres du Garde-magafin, les Recettes & Dépenfes qui feront faites pendant le jour; & à la fin de chaque femaine, il les arrêtera avec l'Intendant. Il vérifiera tous les mois le Livre de Balance, & l'arrêtera tous les ans, pour reconnoître au jufte ce qui refte dans les Magafins; faifant mention des déchets & revenans-bon qui y feront trouvés, & des caufes d'où ils feront provenus.

318.

Affiftera à la réception des marchandifes.

IL affiftera à la réception des marchandifes, munitions & ouvrages quelconques; prendra garde qu'il n'en foit reçu que de bonne qualité & des proportions requifes, & fe conformera au furplus à ce qui eft prefcrit pour les Recettes, au *Titre IV* de la préfente Ordonnance.

319.

Il les fera ranger en bon ordre.

IL fera ranger lefdites marchandifes en bon ordre, & tiendra la main à ce que le Garde-magafin en délivre, fans retardement, des reçus qui feront vifés par lui.

320.

Affiftera à l'arrêté des compres des matières livrées à des Ouvriers.

IL affiftera à l'examen & à l'arrêté des comptes qui fe feront tous les mois, des matières qui auront été délivrées à des Ouvriers travaillant hors de l'Arfenal, pour leur convertiffement en ouvrages, & fignera fur le Regiftre, au bas defdits arrêtés.

321.

L'ARMEMENT des Vaiſſeaux ayant été ordonné, &
l'État que le Directeur de Port aura dreſſé de ce qui
peut manquer au complet du Magaſin particulier & de
l'Équipement de chaque Vaiſſeau, ayant été renvoyé par
l'Intendant avec ſon ordre de délivrer, au Commiſſaire
du Magaſin général, celui-ci travaillera à raſſembler
promptement les Matières ou Effets portés par ledit
État, afin que rien ne mette obſtacle à la célérité de
l'Armement; & il en uſera de même pour les objets
des demandes qui ſeront faites par la Direction des
Conſtructions & celle de l'Artillerie.

TITRE XIII.

*Lors
des armemens,
fera raſſembler
promptement
toutes les matières
& les effets
portés
par les États.*

322.

AU déſarmement des Vaiſſeaux, lorſque les Conſommations auront été examinées & approuvées dans le
Conſeil de Marine, & remiſes au Magaſin général, le
Commiſſaire dudit Magaſin, d'après la viſite qui aura
été faite des Effets de retour de campagne, en la forme
preſcrite au *Titre VI, article 154,* & l'ordre qu'il en aura
reçu de l'Intendant, pourvoira à tout ce qu'il ſera néceſſaire de délivrer pour être mis dans les Magaſins particuliers & ceux de l'Artillerie, où les matières demandées
pour fabriquer ce qui devra y être mis en remplacement
de ce qui aura été conſommé ou jugé hors de ſervice,
afin que les Effets deſdits Magaſins ſoient toujours
complets & en état.

*Complètera
les Magaſins
particuliers
des Vaiſſeaux.*

323.

IL fera mettre dans un Magaſin particulier, les Effets
rebutés ou jugés hors de ſervice pour les armemens
ſuivans, & ils ſeront réſervés pour les uſages du Port.

*Fera mettre
dans un Magaſin
particulier
les Effets rebutés.*

P ij

Ne fera rien délivrer aux Chantiers & Ateliers que les billets ne soient visés du Commissaire.

324.

IL ne fera rien délivrer des Magasins sur les billets des Officiers de Vaisseau ou de Port ou Ingénieurs-constructeurs, pour les constructions, radoubs, garniture, gréement, équipement des Vaisseaux, & tous ouvrages à fabriquer dans les Ateliers, si lesdits billets ne sont visés du Commissaire départi aux Chantiers & Ateliers.

TITRE XIV.

Du Commissaire des Chantiers & Ateliers.

325.

Veillera à ce que les Commis soient assidus aux Chantiers & Ateliers.

LE Commissaire préposé aux Chantiers & Ateliers, tiendra soigneusement la main à ce que les Commis, sous ses ordres, soient assidus aux Chantiers & Ateliers auxquels ils auront été affectés, entrent dans l'Arsenal avec les Ouvriers & n'en sortent qu'avec eux, qu'ils soient exacts à faire les appels des Ouvriers, Journaliers, Canotiers, Gardiens des Vaisseaux, d'Ateliers, de Magasins ou autres, & Consignes des portes, & qu'ils suivent avec la plus grande attention l'emploi du temps des Ouvriers & celui des Matières.

326.

Donnera des billets aux Ouvriers pour leur destination.

IL donnera des billets aux Ouvriers, pour qu'ils soient admis par les Directeurs des Détails aux Chantiers & Ateliers de l'Arsenal.

327.

Tiendra une matricule des Ouvriers.

IL tiendra une matricule des Ouvriers, dont le Port

fera le chef-lieu, fur laquelle il apoftillera les divers changemens qui furviendront dans la paye & la defti-nation defdits Ouvriers.

328.

SA MAJESTÉ voulant, pour le bien de fon fervice, qu'il fe forme toujours de nouveaux Ouvriers, l'autorife à employer un dixième d'Apprentis dans le nombre des Ouvriers employés de toute efpèce, pourvu toutefois que lefdits Apprentis foient en âge d'apprendre & capables de fe perfectionner. Les fils d'Ouvriers au fervice du Roi, feront préférés, & leur paye fera augmentée à proportion qu'ils deviendront plus habiles. Défend Sa Majefté, fous peine de punition, aux Maîtres fous lefquels ils travailleront, de rien exiger d'eux, fous quelque prétexte que ce foit.

Emploiera quelques Apprentis,

329.

IL vifera tous les billets des demandes de Matières, Munitions ou Effets qui feront faites par les Officiers de Vaiffeau, de Port ou Ingénieurs-conftructeurs, prépofés à la direction des Ateliers & des Chantiers.

Vifera les billets des demandes qui feront faites pour les Chantiers & Ateliers.

330.

IL fera recette des Matières & Effets qui feront apportés du Magafin général, fur lefdites demandes, dans les Chantiers & Ateliers; en fuivra l'emploi dans leur convertiffement ou travail, & remettra à la charge du Garde-magafins les ouvrages qui en proviendront, à mefure qu'ils feront fabriqués, ou en portera l'emploi fur fon regiftre fi les ouvrages ont été deftinés à refter attachés au corps des Vaiffeaux ou autres Bâtimens.

Fera recette des matières apportées aux Chantiers & Ateliers, & en fuivra l'emploi,

Fera mettre à part les bois, fers, &c. provenant des démolitions.

33ı.

IL aura foin que les bois, fers & autres matières provenant des démolitions, foient rapportés aux lieux convenables, & que les parties qui feront hors de fervice, foient féparées de celles qui pourront encore fervir, de même que les meubles, ferrures & uftenfiles quelconques, & il en fera faire recette au Magafin général; & s'il fe trouve quelque chofe de manque, il en donnera avis à l'Intendant, pour que le prix en foit retenu fur la paye de qui il appartiendra.

Aura la police des prifons.

332.

IL fera chargé de la police des prifons de l'Arfenal; il fera enregiftrer l'entrée & la fortie de chaque prifonnier; & le Géolier lui fera tous les matins le rapport des gens qui, la veille, auront été mis en prifon.

333.

IL fe conformera au furplus à tout ce qui lui eft prefcrit au *Titre IV* de la préfente Ordonnance.

TITRE XV.

Des Commiffaires prépofés au Bureau des Fonds & Revues, à celui des Armemens & Vivres, & à celui des Hôpitaux & Chiourmes.

334.

Se conformeront à l'Ordonnance de 1765

LES Commiffaires prépofés au Bureau des Fonds & Revues, à celui des Armemens & Vivres, & à celui des

Hôpitaux & Chiourmes, fe conformeront, tant à ce qui eft preſcrit, pour les fonctions dont ils font chargés, par l'Ordonnance du 25 Mars 1765, *concernant la Marine,* en ce qui n'eft pas contraire à la préſente, qu'aux inſtructions particulières qui leur feront données par l'Intendant; & ils tiendront la main à ce que les Commis, fous leurs ordres, ſoient aſſidus à leurs Bureaux ou Ateliers, & rempliſſent exactement les fonctions qui leur feront preſcrites.

TITRE XV.

& aux inſtructions de l'Intendant.

TITRE XVI.

Du Garde - Magaſins.

335.

LE Garde-magaſins ſera chargé de la garde de toutes les Marchandiſes, Munitions & Effets quelconques appartenans à Sa Majeſté, dans l'Arſenal ou hors de l'Arſenal, à l'exception du corps des Vaiſſeaux & autres Bâtimens flottans & des Machines établies dans le Port à leur uſage, leſquels feront, fous l'autorité du Commandant, à la charge & garde du Directeur de Port.

Le Garde-magaſins ſera chargé de la garde de toutes les marchandiſes & munitions.

336.

IL tiendra deux Regiſtres exacts, l'un de l'entrée & l'autre de la ſortie de toutes les Marchandiſes & Munitions, leſquels feront cotés & paraphés par l'Intendant : ces Regiſtres feront tenus avec l'ordre & la netteté néceſſaires pour voir en tout temps, & jour par jour ce qui ſera entré dans les Magaſins, & ce qui en ſera ſorti.

Tiendra deux Regiſtres, l'un de l'entrée, l'autre de la ſortie des Effets.

TITRE XVI.

*Veillera
à l'arrangement
& conservation
des Effets.*

337.

IL s'appliquera avec soin à conserver ce qui sera entré dans les Magasins, en mettant toutes choses à leur place & aux lieux propres à leur conservation ; & dans cette disposition, il observera de les arranger en sorte qu'elles puissent être délivrées avec facilité.

338.

*Sera présent
à la réception
& délivrance
des marchandises.*

IL sera toujours présent à la réception & délivrance des Marchandises & Munitions quelconques, aura soin que ses Commis, de l'exactitude & fidélité desquels il demeurera responsable en son propre & privé nom, fassent chacun leur devoir dans les fonctions qui leur seront prescrites ; donnera son avis sur la qualité de tout ce qui entrera dans les Magasins, & prendra garde que les poids, jauges & aunages soient justes.

339.

*Fera
l'enregistrement
de la Recette
par quantité,
poids & mesures.*

IL fera l'enregistrement de la Recette dans un Journal, pour être portée à la fin du jour dans son grand Livre, dans lequel il spécifiera les quantité, poids & mesures des Marchandises & Munitions, & le nom de ceux qui les auront fournies ; comme aussi les quantité, poids & mesures des ouvrages qui auront été livrés par les divers Ateliers de l'Arsenal, en y spécifiant la quantité de déchet que les matières auront éprouvé par leur convertissement ; & par rapport aux Effets qui proviendront des démolitions, des désarmemens, &c. le nom du Vaisseau ou tout autre Bâtiment dont ils seront provenus.

340.

*Fera pareil
enregistrement
pour la Dépense.*

IL observera la même chose pour la Dépense, & spécifiera

fpécifiera le nom des Vaiſſeaux & autres Bâtimens, & l'eſpèce de ſervice pour lequel les Marchandiſes & Munitions feront délivrées ; comme auſſi les noms des Atcliers, ou celui de l'Ouvricr dans le cas où des ouvrages feroient faits hors de l'Arſenal, auxquels il délivrera des matières pour être travaillées ou converties.

341.

IL ne pourra délivrer ni matièrcs ni effets, qu'il n'y ait appelé le Contrôleur ou ſon Commis ; lequel en fera l'enregiſtrement de ſon côté, d'une manière uniforme & égale.

Appellera le Contrôleur pour la délivrance des matières & effets.

342.

LES Regiſtres de Recette & de Dépenſe, feront paraphés tous les foirs & au bas de chaque page, par le Commiſſaire prépoſé au Magaſin général, & par le Contrôleur ; & à la fin de chaque ſemaine, arrêtés par l'Intendant qui écrira à côté des articles où il y aura quelque erreur, omiſſion, déchet ou revenant-bon, les raiſons d'où cela provient, & ſignera l'arrêté & le fera ſigner par le Commiſſaire, le Contrôleur & le Garde-magaſins.

Fera parapher ſes Regiſtres tous les foirs par le Commiſſaire & le Contrôleur, & arrêter toutes les ſemaines par l'Intendant.

343.

LE Garde-magaſins tiendra un Regiſtre de Balance ; coté & paraphé par l'Intendant, ſur lequel il portera, à la fin de chaque mois, le montant, par récapitulation, des Recettes & Dépenſes qui auront été faites de chaque nature de Marchandiſes & de Munitions, bien diſtinguées par leurs qualité, poids & meſure : ce Regiſtre fera vérifié tous les mois par le Commiſſaire du Magaſin général & par le Contrôleur ; & l'Intendant en ſignera tous les ans

Tiendra un Regiſtre de Balance.

Q

l'arrêté, & le fera signer par lesdits Commissaire & Garde-magasins, & par le Contrôleur.

344.

Fera, à la fin de chaque année, un Inventaire général.

LE Recensement ou Inventaire général qui sera fait à la fin de chaque année, de tout ce qui se trouvera dans les Magasins, sera arrêté & signé, comme il a été dit à l'article précédent.

345.

Comparaison de la Balance avec l'Inventaire.

AU commencement de chaque année, l'Intendant vérifiera si chaque espèce de Marchandises & de Munitions qui doit, suivant la Balance, rester en nature dans les Magasins, s'y trouve effectivement : il le conférera avec le Recensement ou Inventaire général ; & en cas qu'il y remarque quelque différence & quelque manquement, il en fera mention au bas de l'arrêté final du Registre.

346.

Se chargera, par des Inventaires particuliers, des choses non comprises dans les Registres.

LE Garde-magasins se chargera, par des Inventaires particuliers, des meubles, ustensiles, & généralement de toutes les choses qui ne seront point comprises dans les Registres de Recette & de Dépense du Magasin, ou qui pourront se trouver hors de l'Arsenal, dans les Hôpitaux, Bagnes ou ailleurs. Il tiendra Registre, mais *pour mémoire* seulement, des corps des Vaisseaux & autres Bâtimens désarmés dans le Port, appartenans à Sa Majesté, & des machines établies à leur usage, soit que lesdits Vaisseaux y aient été construits ou qu'ils aient été achetés, ou pris sur les Ennemis : il marquera leur sortie lorsqu'ils devront être affectés à un autre Port ; ou l'époque de leur vente, lorsque Sa Majesté aura jugé à propos de les céder à des Particuliers ; ou celle de leur dépècement, quand ils auront été jugés entièrement hors de ſervice. Il tiendra pareillement Regiſtre, & *pour mémoire* ſeulement, des différens effets à l'uſage des manœuvres & opérations du Port, dépoſés dans les Pontons ou ailleurs, à la charge & garde du Directeur de Port, ainſi que de ceux qui reſteront à bord des Vaiſſeaux déſarmés dans le Port, deſquels ledit Directeur lui aura donné une Reconnoiſſance viſée du Directeur général & du Commandant.

347.

DANS les Armemens, il délivrera aux divers Maîtres, en préſence d'un Officier de chaque Vaiſſeau, les agrès, apparaux, uſtenſiles & munitions contenus en l'Inventaire d'armement qui lui ſera remis, & qui aura été dreſſé conformément aux États arrêtés par Sa Majeſté ſur ce ſujet. A l'égard des emménagemens, armoires, coffres, ferrures, rouets de cuivre ou autres pièces du même métal, & tous autres effets attachés au corps du Bâtiment, dont le Directeur de Port eſt chargé dans les Vaiſſeaux déſarmés dans le Port, & deſquels le Garde-magaſins a en main la reconnoiſſance dudit Directeur, il les portera pareillement ſur l'État d'inventaire du Vaiſſeau en armement; & rendra audit Directeur la reconnoiſſance qu'il en avoit reçue, au bas de laquelle ledit Garde-magaſins mettra ſon certificat de réception, qui ſera viſé du Commiſſaire du Magaſin général, & remis au Directeur de Port pour lui ſervir de décharge.

Délivrera les Effets d'Armement aux divers Maîtres, en préſence d'un Officier de chaque Vaiſſeau.

348.

LE contenu en l'Inventaire d'armement ayant été délivré, l'Officier chargé du détail du Vaiſſeau, remettra

En retirera ſa décharge.

Q ij

au Magaſin général un double dudit Inventaire, ſigné de lui, de chaque Maître, pour les articles dont chacun d'eux ſera chargé, & viſé du Capitaine, pour la décharge du Garde-magaſins.

349.

Recevra au déſarmement les Effets remis dans les Magaſins, & prendra une décharge de ceux qui reſteront à bord.

LORS des déſarmemens, le Garde-magaſins recevra, ſavoir; au Magaſin général, les effets qui devront y rentrer; dans les Magaſins à poudre & autres Magaſins de l'Artillerie, ceux qui appartiennent à ce Détail; dans le Magaſin particulier de chaque Vaiſſeau, ceux qui devront y être remis, ayant été jugés en état de ſervir pour une autre Campagne; dans un Magaſin ſéparé, les effets rebutés ou jugés hors de ſervice pour un autre armement, & où ils ſeront réſervés pour les uſages du Port; enfin dans le Vaiſſeau, les armoires, coffres, ſerrures & autres effets attachés au corps du Bâtiment & qui doivent y reſter. Il donnera au Capitaine de chaque Vaiſſeau & à l'Officier chargé du Détail, ainſi qu'aux divers Maîtres, un certificat de réception pour leur décharge, des Effets dont ils s'étoient chargés lors de l'armement, & qui auront été remis dans leſdits Magaſins, ou laiſſés dans le Vaiſſeau; & leſdits certificats du Garde-magaſins ſeront viſés du Commiſſaire du Magaſin général: Le Garde-magaſins de ſon côté, ſe fera donner par le Directeur de Port, une reconnoiſſance ſignée de lui, & viſée du Directeur général & du Commandant, des Effets qui ſeront reſtés à bord de chaque Vaiſſeau, à la charge & garde dudit Directeur de Port; & le Garde-magaſins ſe chargera & demeurera chargé de tous les autres Effets neufs, mi-uſés ou de rebut, qui auront été dépoſés, ſoit dans le Magaſin particulier du Vaiſſeau, ſoit dans tous autres Magaſins.

350.

Il aura foin de conferver les Inventaires d'armement & de défarmement où feront portés les confommations & les remplacemens faits pendant la campagne, ainfi que les Regiftres qui en préfenteront le Détail.

Aura grand foin des Inventaires d'Armemens & de Défarmement.

351.

Il gardera foigneufement les clés des Magafins qui lui font confiés, & il n'en permettra l'entrée qu'aux Officiers qui doivent l'avoir, & aux heures de travail; & au cas qu'il fût néceffaire d'y entrer à d'autres heures, pour quelque occafion de fervice, il en prendra l'ordre de l'Intendant.

Gardera les clés des Magafins.

352.

Lui défend Sa Majefté de recevoir ou délivrer aucune Marchandifes ni Munitions, fans un ordre par écrit de l'Intendant ou du Commiffaire prépofé au Magafin général, à peine de les payer.

Ne délivrera rien fans l'ordre de l'Intendant ou du Commiffaire du Magafin

353.

Lui défend pareillement Sa Majefté de faire aucuns prêts ni vente d'Effets des Magafins à qui que ce puiffe être, fans un ordre exprès de l'Intendant, à peine d'en répondre & de caffation.

Ne prêtera ni ne vendra aucuns Effets à qui que ce foit.

354.

Il tiendra trois Regiftres particuliers, cotés & paraphés comme les autres; fur l'un, il écrira les Marchandifes qui pourront être délivrées à des Ouvriers pour les travailler hors de l'Arfenal, ou à-compte des ouvrages qu'ils doivent fournir; fur un autre, celles qui feront vendues à des Particuliers, ou qui feront délivrées pour

Tiendra trois Regiftres, l'un pour les Effets délivrés à des Ouvriers hors de l'Arfenal; l'autre, pour les Effets vendus; & le troifième, pour ceux prêtés.

des services dont la Marine ne devant pas supporter la dépense, aura à en répéter le payement; & enfin sur le troisième, les Marchandises & Munitions prêtées à des Particuliers, à charge de les rendre ou de les remplacer; & il ne recevra des Particuliers ou des Ouvriers, aucuns billets volans, mais les fera obliger sur le Registre à côté de chaque article, & les déchargera à mesure qu'ils rendront ou payeront ce qu'ils auront reçu. Ces Registres seront arrêtés tous les trois mois par le Commissaire du Magasin général, qui sera chargé, ainsi que le Contrôleur, de poursuivre le recouvrement des Effets du Roi, ou de leur prix; & l'Intendant arrêtera tous les mois lesdits Registres. Le Garde-magasins aura soin de porter en dépense les Effets compris dans les deux premiers Registres énoncés ci-dessus.

355.

Enregistrera, jour par jour, les certificats qu'il donnera.

IL aura aussi un Registre particulier, également coté & paraphé, pour enregistrer jour par jour, tous les certificats qu'il donnera aux Particuliers, afin d'éviter la confusion qui se rencontre souvent dans l'expédition de plusieurs certificats pour une même chose.

356.

Remettra ses Registres à l'Intendant, en quittant son Emploi.

LORSQU'IL quittera son Emploi, il remettra ses Registres à l'Intendant, & lui rendra un compte exact de tout ce dont il aura été chargé : & au cas qu'il se trouvât reliquataire, l'Intendant, après avoir pris les sûretés nécessaires, en informera le Secrétaire d'État ayant le département de la Marine, pour recevoir les ordres de Sa Majesté.

TITRE XVII.

Du Contrôleur.

357.

LE Contrôleur aura inspection sur toutes les Recettes & Dépenses, achats & emploi des Marchandises, & sur l'emploi du temps des Ouvriers & Journaliers, desquels il fera des revues particulières lorsqu'il le jugera à propos, ainsi que des gardiens de Vaisseaux & autres; & il assistera à tous les marchés qui seront faits, & à tous les comptes qui feront arrêtés par l'Intendant.

Le Contrôleur inspectera les Recettes, Dépenses, &c.

358.

IL fera présent tous les jours, par lui ou par un de fes Commis, à l'ouverture des Magasins, desquels il aura une clé; & le foir ils feront fermés en fa présence.

Sera présent à l'ouverture des Magasins, dont il aura une clé.

359.

UN de fes Commis tiendra au Magasin général, de femblables Regiftres à ceux qu'il eft prescrit au Garde-magasins de tenir; excepté le Livre de Balance & celui pour l'enregistrement des certificats délivrés aux divers particuliers fournisseurs.

Aura un de fes Commis dans le Magasin général.

360.

LE Contrôleur paraphera tous les foirs, & au bas de chaque page, fur les Regiftres du Garde-magasins, les Recettes & Dépenses qui feront faites pendant le jour; & à la fin de chaque femaine il les arrêtera, ainfi que

Le Contrôleur arrêtera les Recettes & les Confommations.

les fiens, avec l'Intendant; & tous les mois, il vérifiera le Livre de Balance, & l'arrêtera tous les ans, pour reconnoître au jufte ce qui refte dans les Magafins, faifant mention des déchets & revenant-bons qui y feront trouvés, & des caufes d'où ils feront provenus.

361.

Vérifiera la qualité & quantité des approvifionnemens.

IL vérifiera enfuite par un recenfement de chaque forte de Marchandifes & Munitions, fi elles fe trouvent en la qualité & quantité qu'elles doivent être, & fi elles font placées en lieu où elles fe puiffent conferver.

362.

Tiendra un Regiftre des Marchés.

IL tiendra un Regiftre particulier de tous les marchés qui fe feront pour fournir des Marchandifes aux Magafins de Sa Majefté, ou pour faire quelques ouvrages; & il aura foin de pourfuivre l'exécution des marchés, & d'avertir l'Intendant des défauts & manquemens qu'il pourroit y avoir, afin qu'il y foit pourvu.

363.

Confervera tous les Regiftres dans un bon ordre.

IL confervera dans un bon ordre tous les Regiftres, Contrats, Marchés, Adjudications & autres Papiers & Mémoires qui regarderont fes fonctions, & en tiendra un Inventaire exact, afin qu'on puiffe y avoir recours.

364.

Contrôlera tous les acquits fervant à décharge.

IL contrôlera généralement tous les Acquits, Rôles, États & Reçus fervant à la décharge du Tréforier général de la Marine, & tiendra un Regiftre exact & fidèle de la Recette & Dépenfe qui fera faite par le Commis du Tréforier pendant chaque année, dans le Port où il fera établi.

365. IL

365.

I L fe fera remettre, par le Tréforier général de la Marine, les copies collationnées des États & Ordres de fonds qui lui auront été envoyés ; & à la fin de chaque année, il enverra au Secrétaire d'État ayant le département de la Marine, le Regiftre de la Recette & Dépenfe qui aura été faite dans le Port.

Se fera remettre par le Tréforier, des copies des ordres de fonds.

366.

I L affiftera à l'arrêté des comptes du Tréforier & du Munitionnaire général de la Marine, comme auffi à tous les contrats & marchés qui feront faits par l'Intendant, en préfence du Confeil de Marine, & les fignera avec lui; il en examinera dans le Confeil, les claufes & conditions, recevra les enchères & cautions qui feront préfentées, & le marché fera adjugé à celui qui fera la condition de Sa Majefté meilleure.

Affiftera à l'arrêté des comptes du Tréforier, du Munitionnaire, & à tous les marchés.

367.

I L fera les pourfuites & diligences néceffaires pour le payement de ce qui fe trouvera dû à Sa Majefté, foit par les Ouvriers travaillant hors de l'Arfenal, à qui le Garde-magafins délivre les Marchandifes à compte des ouvrages qu'ils doivent fournir, foit par les Particuliers à qui il auroit été prêté ou vendu des Marchandifes, Munitions & autres Effets appartenans à Sa Majefté, en quelque manière que ce puiffe être, à peine de répondre des pertes qui pourroient arriver par fa faute & négligence.

Fera le recouvrement de ce qui fera dû par prêt ou vente.

368.

I L enregiftrera toutes les Commiffions & les Brevets

Enregiftrera les Commiffions & Brevets.

R

accordés par Sa Majesté aux Officiers de la Marine &
autres Entretenus, & mettra l'enregistrement en abrégé
au dos, afin d'y avoir recours en cas de besoin.

369.

Sera présent aux Revues des Officiers & des Troupes.

IL sera présent aux revues des Officiers, des Ingénieurs-constructeurs, des Compagnies des Gardes du
Pavillon & de la Marine, des Compagnies de Bombardiers & d'Apprentis-canonniers, des Compagnies de la
Division du Corps Royal d'Infanterie de la Marine, &
des Officiers-mariniers & autres Entretenus dans le Port ;
il en signera les Extraits, conjointement avec l'Intendant,
& il prendra garde qu'il n'y ait que les présens qui y
soient employés, à peine d'interdiction.

370.

Sera présent aux Revues d'Équipages.

IL sera également présent aux revues & montres des
États-majors & Équipages des Vaisseaux, prendra garde que
le nombre des Officiers-mariniers, Canonniers, Matelots,
& les Détachemens de Soldats, soient complets ; qu'il
n'y ait aucun passe-volant, & qu'ils soient tous en état
de servir.

371.

Examinera si les Vivres embarqués sont de bonne qualité.

IL examinera si les vivres qui sont embarqués sur les
Vaisseaux de Sa Majesté, sont en la quantité ordonnée
& de la qualité requise.

372.

Sera présent au payement de l'armement & du désarmement.

LORS de l'armement & du désarmement des Vaisseaux,
il tiendra la main à ce que les Officiers-majors & Équipages, soient payés par le Trésorier, à l'armement à bord ;

& au défarmement, dans le Bureau des Armemens & Vivres, fuivant l'État qui en fera arrêté.

373.

IL prendra garde que les Agrès & autres Effets qui devront être rapportés dans les divers Magafins après le défarmement, y foient diftribués, conformément à ce qui aura été fixé dans le Procès-verbal de la vifite defdits Effets, & y foient claffés, rangés & confervés dans l'ordre qui aura été prefcrit, pour y demeurer à la charge du Garde-magafins.

Verra fi les agrès font remis au Magafin.

374.

IL vifitera tous les ouvrages que Sa Majefté fera faire, foit pour les Vaiffeaux, foit aux Bâtimens civils; affiftera aux toifés & à leur réception; fera préfent aux payemens qui en feront faits; & ne pourra s'en difpenfer, fous quelque prétexte que ce puiffe être.

Vifitera les Ouvrages & affiftera aux toifés.

375.

LE Contrôleur affiftera à tous les Confeils de Marine; il en fera le Secrétaire, & en portera les délibérations fur des regiftres particuliers qu'il tiendra à cet effet: Il n'y aura pas de voix, excepté dans le cas où s'agiffant de marchés & d'adjudications, il aura voix délibérative en fa qualité de Contrôleur.

Sera le Secrétaire du Confeil de Marine.

TITRE XVIII.

Du Conseil de Marine permanent.

376.

*Les Conseils
de Marine
seront maintenus
& conservés.*

LE Conseil de Marine établi dans chacun des Ports de Brest, Toulon & Rochefort, duquel Sa Majesté, par l'article 5 de son Ordonnance du 8 Novembre 1774, s'étoit réservé de régler définitivement les fonctions, & auquel Elle avoit attribué provisoirement celles du Conseil de Construction, établi par des Ordonnances antérieures, fera & demeurera maintenu & conservé sous la dénomination de *Conseil de Marine ;* & exercera dans chaque Port, les fonctions qui lui font attribuées définitivement par la présente Ordonnance.

377.

*De quels Officiers
il sera composé.*

LES Officiers qui composeront le Conseil de Marine, feront ; le Commandant du Port, qui le présidera toujours ; l'Intendant, qui prendra féance après le Préfident ; le Directeur général de l'Arfenal ; le Commiffaire général des Ports & Arfenaux de Marine, qui prendra féance après le Directeur général, foit qu'il la prenne en fa qualité de Commiffaire général, foit qu'il fupplée l'Intendant en cas d'abfence ; & le Major de la Marine & des Armées navales.

Le Contrôleur de la Marine fera le Secrétaire du Confeil, & n'aura pas de voix, excepté dans les cas où il s'agira de marchés & d'adjudications.

378.

L'INTENTION de Sa Majefté étant que les Membres permanens du Confeil foient toujours au nombre de cinq : En cas d'abfence, le Commandant du Port fera fuppléé par le Directeur général qui préfidera le Confeil; celui-ci par le Directeur particulier le plus ancien dans l'ordre des Capitaines de Vaiffeau; l'Intendant, par le Commiffaire général ; celui-ci par le plus ancien des Commiffaires ordinaires ; & le Major de la Marine, par le Major de la Divifion du Corps-royal d'Infanterie de la Marine, ou par l'Officier qui le fuppléera dans l'ordre du fervice. Les Commiffaires prendront rang après les Capitaines de Vaiffeau.

Les Membres permanens, par qui fuppléés.

379.

INDÉPENDAMMENT des cinq Membres perpétuels, le Confeil appellera les Directeurs & Sous-directeurs des t ois Détails, & les Commiffaires départis aux cinq Bureaux de l'Arfenal, fuivant la nature des objets qui devront être examinés & difcutés dans le Confeil, ou des comptes qui devront y être rendus. Il pourra pareillement appeler des Capitaines de Vaiffeau, autres que ceux attachés aux trois Directions, & des Lieutenans, en évitant toutefois le trop grand nombre & la confufion : Lefdits Directeurs, Sous-directeurs, Capitaines ou Lieutenans de Vaiffeau, & Commiffaires, ainfi appelés pour être Membres du Confeil, y auront voix délibérative.

Quelles perfonnes pourront être appelées au Confeil, avec voix délibérative.

380.

LORSQU'IL s'agira de Conftruction ou d'objets y relatifs, le Confeil appelera l'Ingénieur-conftructeur en

Cas où il s'agira de conftruction ou d'objets y relatifs.

chef, ou en fon abfence le plus ancien des Ingénieurs-conftructeurs ordinaires, qui, dans ce cas, aura voix délibérative.

381.

Tous Officiers ou autres appelés par le Confeil, feront tenus de s'y rendre.

TOUS autres Officiers, Ingénieurs-conftructeurs ou Entretenus dans le Port, s'ils font appelés par le Confeil, feront tenus de s'y rendre, pour y donner leur avis, ou répondre aux queftions qui leur feront faites, dans le cas où ledit Confeil devra examiner des objets relatifs au Détail auquel ils feront attachés, ou fur lefquels il eftimera qu'ils peuvent avoir des connoiffances particulières : Les Officiers & Ingénieurs-conftructeurs qui feront ainfi appelés, ne prendront point féance, feront affis hors de rang à côté du Préfident, & fe retireront lorfqu'ils auront donné leur avis, ou répondu aux queftions qui leur auront été faites.

382.

Entrée dans la Salle du Confeil à des Officiers nommés par le Commandant.

POURRA le Commandant du Port, fuivant la nature des objets qui devront être traités dans le Confeil, donner entrée dans la falle dudit Confeil, à quelques Lieutenans & Enfeignes qu'il aura nommés, lefquels y affifteront pour leur inftruction, debout & en filence.

383.

Lieu de l'affemblée.

LE Confeil s'affemblera dans l'hôtel du Préfident.

384.

Confeils fixes & Confeils extraordinaires.

IL fera tenu un Confeil tous les quinze jours ; & indépendamment des Confeils fixes, le Commandant affemblera le Confeil toutes les fois qu'il le jugera convenable au bien du fervice, ou lorfqu'il en fera requis par l'Intendant.

385.

LE Préfident aura foin d'annoncer, à la fin de chaque féance, les queftions prévues qui devront être agitées à la féance fuivante.

Annonce des objets à examiner.

386.

IL ne pourra être conftruit aucun Vaiffeau, Frégate ou autres Bâtimens, que le plan n'en ait été examiné par le Confeil de Marine de l'un des trois Ports de Breft, Toulon ou Rochefort : En conféquence, lorfqu'un Ingénieur-conftructeur en chef, un Ingénieur ordinaire ou Sous-ingénieur, aura été chargé de dreffer le plan d'un Vaiffeau ou autre Bâtiment, il fera tenu de foumettre fon plan à l'examen du Confeil de Marine : & fi ledit Ingénieur-conftructeur n'eft pas réfidant dans l'un des trois grands Ports, il adreffera fon plan au Directeur des Conftructions du Port le plus prochain, pour être par celui-ci préfenté au Confeil de Marine. Ce plan fera double, parfaitement femblable & accompagné des calculs, ainfi que de deux devis qui feront pareillement doubles, l'un des bois & des fers néceffaires pour fon exécution, avec leurs dimenfions & les proportions de la mâture ; & l'autre de la difpofition des logemens. Ces plans & devis, foit que l'Ingénieur-conftructeur qui les aura dreffés foit réfidant dans le Port, ou qu'il réfide hors du Département, feront approuvés du Directeur des Conftructions & de l'Ingénieur-conftructeur en chef, & vifés du Directeur général, avant que d'être préfentés au Confeil.

Les Plans & Devis de tous Bâtimens de mer, feront examinés par le Confeil.

*Injonction
aux Conseils
de veiller
à ce que
les dimensions
principales
soient exactement
les mêmes
pour tous
les Vaisseaux
de même rang
& les Frégates
de même force.*

387.

ENJOINT Sa Majesté aux Conseils de Marine, établis dans ses trois Ports de Brest, Toulon & Rochefort, de tenir exactement la main à ce que les Ingénieurs-constructeurs assujettissent scrupuleusement les dimensions principales des Vaisseaux de même rang, & des Frégates de même force, d'où dépendent les proportions de la mâture & des agrès, à des mesures uniformes & invariables qui seront fixées par un Règlement particulier de Sa Majesté, de manière que tous les agrès, apparaux, mâtures & affûts d'un Vaisseau ou d'une Frégate, puissent servir indistinctement à tous les Vaisseaux du même rang, à toutes les Frégates de même force.

388.

*Tous
les Membres
signeront
auxdits Plans
& Devis.*

LE Conseil nommera quelques-uns de ses Membres, ou tels autres Commissaires qu'il lui plaira choisir, pour faire un examen particulier desdits plans & devis; & lesdits Commissaires en feront leur rapport par écrit au Conseil. Tous les Membres signeront les deux plans & les deux devis doubles, lesquels, ainsi que le rapport des Commissaires & l'avis du Conseil, seront envoyés par le Président au Secrétaire d'État ayant le département de la Marine, qui fera connoître les intentions de Sa Majesté au Commandant & à l'Intendant.

389.

*Le Conseil
examinera
les demandes
d'Ouvriers
& de matières
relatives
aux constructions.*

LES plans & devis doubles ayant été approuvés par Sa Majesté, & renvoyés dans le Port au Commandant, le Directeur des Constructions présentera au Conseil les États qu'il aura fait dresser du nombre des Ouvriers, &

de

de la qualité & quantité des matières néceffaires pour la
Conftruction ordonnée, conformément à ce qui eft prefcrit
au *Titre IV* de la préfente Ordonnance. Lefdits États
feront examinés & comparés aux plans & devis, foit dans
le Confeil, foit par les Commiffaires qu'il plaira au
Confeil de nommer, pour en faire l'examen & le rapport;
& fi ledit Confeil approuve lefdits États, & ne trouve
aucune réduction à y faire, ils feront vifés par le Commandant, & remis enfuite à l'Intendant.

390.

IL en fera ufé de même pour les États d'Ouvriers & *En ufera de même*
de Matières qui feront demandés par le Directeur de *pour les demandes*
Port & par celui de l'Artillerie, relativement aux ouvrages *& de matières*
dépendans de leurs Directions, qu'il fera néceffaire d'exé- *relatives*
cuter pour pourvoir au gréement, équipement & arme- *dépendans*
ment du Vaiffeau, & généralement dans tous les cas *des Détails*
où il s'agira de Conftructions, Refontes, Radoubs ou *& de l'Artillerie.*
autres Ouvrages confidérables.

391.

LE Confeil fe fera rendre compte par les trois Directeurs, *Se fera*
toutes les fois qu'il le jugera à propos, de l'avancement *rendre compte,*
des Ouvrages qui devront être exécutés dans leur Direc- *chaque Directeur,*
tion refpective, ainfi que des vifites qui auront été faites *du progrès*
des Vaiffeaux & autres Bâtimens défarmés dans le Port, *& des vifites*
dans les Magafins particuliers des Vaiffeaux ou autres, *& recettes*
& dans ceux de l'Artillerie; il fe fera pareillement rendre *été faites.*
compte, par le Commiffaire des Chantiers & Ateliers,
& celui du Magafin général, des différentes Recettes de
Matières, Munitions, Marchandifes & Ouvrages, qui
auront été faites dans l'intervalle de deux Confeils.

S

TIT. XVIII.

*Nommera
des Commiſſaires
pour les viſites
des Vaiſſeaux
en conſtruction.*

392.

IL ſera fait deux viſites des Vaiſſeaux en conſtruction; la première, lorſque le Vaiſſeau ſera monté en bois tors; la ſeconde, lorſqu'il ſera entièrement achevé. Le Conſeil nommera, pour chaque viſite, trois Capitaines de Vaiſſeau, qui ſeront accompagnés par le Directeur des Conſtructions, l'Ingénieur-conſtructeur en chef & l'Ingénieur-conſtructeur qui conſtruira le Vaiſſeau. Les Commiſſaires nommés par le Conſeil, examineront, à chaque viſite, ſi le Conſtructeur s'eſt exactement conformé au plan qui avoit été préſenté au Conſeil & approuvé par Sa Majeſté, & ils feront leur rapport ſur la manière dont la Conſtruction aura été exécutée, ſur ce qu'il pourroit y avoir à deſirer dans la ſolidité & la perfection de l'ouvrage, à quoi il ſeroit poſſible de remédier; & leur rapport, ainſi que l'avis du Conſeil ſur ladite Conſtruction, ſeront envoyés, par le Préſident, au Secrétaire d'État ayant le département de la Marine.

393.

*Examinera
l'État général
de la Dépenſe
de
chaque Vaiſſeau
qui ſera conſtruit.*

LE Directeur général remettra au Conſeil l'État général de la dépenſe à laquelle auront monté enſemble la conſtruction, le gréement & l'équipement du Vaiſſeau ou tout autre Bâtiment; lequel État aura été formé des trois États particuliers qui lui auront été fournis par les Directeurs; & l'Intendant remettra pareillement au Conſeil, l'État général qui lui aura été remis par le Commiſſaire des Chantiers & Ateliers. Ces deux États ſeront comparés entre eux & avec les devis, par les Commiſſaires que le Conſeil aura nommés pour procéder à cet examen; & ſur le rapport des Commiſſaires, le Conseil donnera son avis qui sera transcrit au bas de chaque État, & signé de tous les Membres : l'État du Directeur général sera déposé au Contrôle de la Marine, afin qu'on puisse y avoir recours au besoin ; & celui du Commissaire des Chantiers & Ateliers sera envoyé par l'Intendant au Secrétaire d'État ayant le département de la Marine.

TIT. XVIII.

394.

LORSQU'UNE Construction aura été faite à l'entreprise, en tout ou en partie, le payement n'en pourra être achevé qu'après que la visite & le rapport des Commissaires nommés par le Conseil, auront constaté que l'ouvrage est bon, valable, & bien conditionné dans toutes les parties : Dans ce cas, & dans le cas contraire, il sera dressé un procès-verbal pour constater la bonté de l'ouvrage, ou ce qui manque à sa perfection ; & le payement n'en sera achevé qu'après que ledit procès-verbal aura été envoyé par le Président au Secrétaire d'État ayant le département de la Marine, qui fera connoître les intentions de Sa Majesté au Commandant & à l'Intendant.

Les constructions faites à l'entreprise, quand payées.

395.

LES refontes, radoubs & autres ouvrages considérables, ne pourront être exécutés qu'après que leur nécessité aura été discutée dans le Conseil de Marine, & que le devis des dépenses nécessaires y aura été examiné ; à l'effet de quoi, le Conseil nommera trois Capitaines de Vaisseau & un ou deux Ingénieurs-constructeurs ordinaires, auxquels se réuniront le Directeur des Constructions & l'Ingénieur-constructeur en chef, pour faire la visite des Bâtimens qu'il sera question de réparer : Le rapport desdits

Devis des Vaisseaux à radouber, examinés par le Conseil, & visite desdits Vaisseaux.

S ij

Commiſſaires & la délibération du Conſeil, feront envoyés par le Préſident au Secrétaire d'État ayant le département de la Marine, qui fera connoître les intentions de Sa Majeſté au Commandant & à l'Intendant.

396.

Cas de réparations urgentes.

DANS le cas où le rapport des Commiſſaires indiqueroit des réparations urgentes à faire à quelqu'un des Bâtimens viſités, le Commandant, fur la délibération du Conſeil, donnera ſes ordres pour qu'il foit procédé ſans délai auxdites réparations.

397.

Il en fera uſé, pour les radoubs, comme pour les conſtructions.

LORSQUE les refontes, radoubs & autres ouvrages conſidérables auront été ordonnés par Sa Majeſté, le Conſeil de Marine & les Directeurs des Détails, chacun pour ſa partie, ſe conformeront en tous points à ce qui a été preſcrit par les précédens articles, pour les Conſtructions entières.

398.

Les devis des ouvrages à faire aux Bâtimens civils, feront examinés dans le Conſeil.

A l'égard des Conſtructions nouvelles, réparations & ouvrages conſidérables à faire aux Batteries du Port & de la Rade, à l'Arſenal, aux Quais, Cales & Baſſins, & à tous Bâtimens civils appartenans au Roi; ils ne pourront être exécutés qu'après que leur néceſſité aura été diſcutée dans le Conſeil de Marine, auquel aura été appelé, pour être ouï, l'Ingénieur en chef des Bâtimens civils, & après que le devis des dépenſes néceſſaires y aura été examiné: à l'effet de quoi, le Conſeil nommera quelques-uns de ſes Membres, ou tels autres Officiers qu'il jugera à propos de commettre, pour faire la viſite des Bâtimens civils,

Quais, Baſſins, Batteries, &c. qu'il ſera queſtion de réparer; & enſuite l'avis qui aura été pris, ſera envoyé par le Commandant & l'Intendant, chacun ſéparément, au Secrétaire d'État ayant le département de la Marine, qui leur fera connoître à l'un & à l'autre les intentions de Sa Majeſté: Et ſi l'exécution deſdits ouvrages eſt approuvée, le payement n'en pourra être fait, qu'après qu'ils auront été examinés par les Commiſſaires que le Conſeil avoit chargés de la viſite faite antérieurement pour en conſtater la néceſſité.

399.

LES marchés & adjudications de tous les ouvrages & approviſionnemens, & tous les traités pour fournitures quelconques, au-deſſus de la ſomme de quatre cents livres, ſeront faits & arrêtés par l'Intendant, en préſence du Conſeil: Et leſdits marchés, traités & adjudications ſeront revêtus de la ſignature de tous les Membres du Conſeil; ils ſeront faits doubles, & envoyés par l'Intendant au Secrétaire d'État ayant le département de la Marine, qui les renverra revêtus de ſon approbation, ſi leſdits marchés, adjudications & traités ſont approuvés par Sa Majeſté.

Tous Marchés, Adjudications & Traités, ſeront faits en préſence du Conſeil.

400.

LE Conſeil nommera tous les mois, trois de ſes Membres, ou tels autres Officiers qu'il lui plaira commettre, pour aſſiſter pendant le mois, aux marchés d'ouvrages ou de fournitures dont le prix n'excèdera pas la ſomme de quatre cents livres; & les Commiſſaires nommés par le Conſeil, ſigneront leſdits marchés & en feront leur rapport au Conſeil à la première ſéance.

Marchés au-deſſous de la ſomme de quatre cents livres.

Le projet d'Approvisionnement pour chaque année, sera présenté au Conseil.

401.

IL sera remis au Conseil par l'Intendant, dans le courant du mois d'Août, un projet de tous les bois, chanvres, fers, canons, armes, poudre de guerre, munitions & marchandises quelconques, nécessaires pour la construction, l'armement, la garniture, les rechanges & l'entretien de tous les Vaisseaux & autres Bâtimens que Sa Majesté a résolu d'avoir, & pour les remettre en état de naviguer & combattre lorsqu'ils viendront désagréés ou dépourvus de munitions ensuite d'un mauvais temps ou d'un combat; & outre l'État des bois estimés nécessaires pour les radoubs ordinaires, il y sera joint un État d'approvisionnemens suffisans pour la construction nouvelle du nombre des Vaisseaux & autres Bâtimens que Sa Majesté règlera, lesquels États auront été dressés en conséquence des États de constructions, radoubs, armemens & autres ouvrages qui auront été ordonnés par Sa Majesté: copie desdits États sera annexée à l'État d'approvisionnement, lequel après avoir été examiné par le Conseil qui donnera son avis sur icelui, sera arrêté par l'Intendant en présence dudit Conseil, signé par tous les Membres, & envoyé, ainsi que l'avis du Conseil, par ledit Intendant, au Secrétaire d'État ayant le département de la Marine.

402.

Modèles, échantillons & affiches.

IL sera choisi des échantillons & modèles de chaque marchandises, armes & munitions dont le Port devra être approvisionné, lesquels seront présentés au Conseil qui donnera son avis sur iceux.

403.

IL fera dreffé des affiches qui contiendront les efpèces & les quantités des différentes marchandifes dont le Port aura befoin d'être pourvu : ces affiches feront publiées & mifes dans les Places publiques des Villes & Bourgs du voifinage des Arfenaux : elles feront inférées dans les Papiers publics, & il en fera envoyé aux Négocians des Villes les plus commerçantes de la Province & des lieux où les marchandifes font les plus abondantes, en forte qu'ils puiffent faire leurs offres, & qu'on ait le temps de les recevoir avant le jour fixé pour l'adjudication au rabais de chaque efpèce de marchandifes ou de leur convertiffement. Cette adjudication fe fera tous les ans, au commencement du mois d'Octobre.

404.

LES premiers rabais feront reçus au jour nommé, en préfence du Confeil & portes ouvertes ; & fi la fourniture eft confidérable, il y aura trois remifes de trois jours chacune : l'adjudication fera faite par l'Intendant, à l'extinction de la bougie, au moins difant à la troifième remife dont il fera délivré des actes en forme, par le Secrétaire du Confeil, en fa qualité de Contrôleur de la Marine, fi dans les vingt-quatres heures enfuite, il ne fe préfente plus perfonne pour rabaiffer. Ledit acte fera figné par tous les Membres du Confeil, & copie en fera envoyée par l'Intendant, au Secrétaire d'État ayant le département de la Marine.

405.

LES échantillons ou modèles des Marchandifes,

*Les modèles
& échantillons
cachetés & remis
au Contrôleur.*

feront apportés au Confeil avant les adjudications ; & après que chaque adjudication aura été faite, l'échantillon ou modèle de la Marchandife fera cacheté du cachet du Préfident du Confeil, de celui de l'Intendant, de celui du Fourniffeur & de celui du Contrôleur de la Marine, pour être enfuite gardé dans les Magafins par les foins dudit Contrôleur, afin qu'on puiffe y avoir recours & en faire la confrontation lors des livraifons.

406.

*Mêmes formalités
pour les
adjudications
d'ouvrages
des
Bâtimens civils.*

LES publications & adjudications d'ouvrages qu'il y aura à faire aux Batteries à la charge de la Marine, aux Ports, Quais, Formes, Calles, Édifices des Arfenaux & Bâtimens civils quelconques, appartenans à Sa Majefté, feront faites en préfence du Confeil, avec les mêmes formalités, fur les plans, profils & devis d'ouvrages & de dépenfes qui auront été examinés par le Confeil, & arrêtés par Sa Majefté.

407.

*Défenfe
aux Entrepreneurs
de faire
des affociations.*

LE Confeil s'affurera que les Entrepreneurs & Ouvriers ne font aucunes affociations pour raifon des ouvrages que Sa Majefté fait faire dans le Port, à moins que lefdits Entrepreneurs & Ouvriers n'en obtiennent la permiffion par écrit de l'Intendant, dont il fera donné connoiffance au Confeil, & fait mention dans le marché ; & les affociations faites fans la permiffion donnée par l'Intendant, & fans être venues à la connoiffance du Confeil, feront réputées nulles, & les ouvrages entrepris en conféquence, donnés à d'autres à la folle enchère des Affociés.

408. TOUTE

408.

TOUTE vente de vieux Vaisseaux ou autres Bâtimens, de vieux bois ou fers, & généralement de tous autres Effets quelconques, jugés hors de service pour la Marine du Roi, sera faite en présence du Conseil, dans la forme prescrite par les articles précédens pour les adjudications de Marchandises & Ouvrages.

TIT. XVIII.

Toute vente de vieux Effets, faite en présence du Conseil.

409.

A l'égard des Effets neufs que Sa Majesté voudroit céder à des Particuliers, le marché ne pourra être conclu qu'autant qu'il aura été passé en présence du Conseil, & signé de tous les Membres ; & copie dudit marché & l'avis du Conseil, feront envoyés par l'Intendant au Secrétaire d'État ayant le département de la Marine.

Même formalité pour la cession des Effets neufs.

410.

LE Conseil nommera, quand il le jugera à propos, un Capitaine & un Lieutenant de Vaisseau pour faire la visite des Casernes, de l'Hôpital & des Galères, Bagnes ou Salle des Forçats : ils en feront au moins une par semaine, & ne pourront s'en dispenser jusqu'à ce qu'ils aient été relevés dans cette fonction par d'autres Officiers nommés par le Conseil ; ils feront accompagnés dans celle des Casernes par un Officier de la majorité, dans celle de l'Hôpital par le Commissaire, un Medécin & un Chirurgien de l'Hôpital, & dans celle du Bagne, par ledit Commissaire préposé pareillement au Détail des Chiourmes. Ils goûteront le pain des Soldats, & visiteront chaque chambrée ; ils goûteront les alimens des Malades, s'informeront si ces alimens font distribués

Visite des Casernes, Hôpitaux & Bagnes, par les Commissaires du Conseil.

T

en la quantité réglée, & examineront la manière dont lesdits Malades sont tenus & soignés : ils se feront aussi représenter le pain des Forçats, & verront si l'on se conforme à ce qui aura été réglé pour la qualité & quantité de la ration qui doit leur être fournie; & du tout ils feront leur rapport par écrit au Conseil; & dans le cas où ledit rapport annonceroit quelques négligences ou abus reconnus par les Commissaires qui auront fait lesdites visites, l'Intendant donnera les ordres nécessaires pour qu'il y soit pourvu & remédié.

411.

Visite des Vivres par les Commissaires du Conseil.

LE Conseil nommera, quand il le jugera à propos, un Capitaine, un Lieutenant & un Enseigne de Vaisseau pour faire la visite des Vivres, soit des Vivres neufs qui arriveront dans le Port, soit de ceux qui proviendront des retours de Campagnes. Les Officiers commis par le Conseil, feront toutes les visites qu'il y aura à faire pendant le temps qu'ils seront en exercice, se transporteront au lieu qui sera désigné, toutes les fois qu'ils en seront avertis, & feront chaque fois leur rapport au Conseil.

412.

Les différens Maîtres proposés pour l'entretien, seront examinés par le Conseil.

LORSQU'IL viendra à vaquer une place de Maître entretenu, de quelque profession, art ou métier que ce soit, & de Côme ou Sous-côme des Galères, aucun sujet ne pourra être proposé pour la remplir, au Secrétaire d'État ayant le département de la Marine, qu'après que le Conseil aura examiné les services, les talens & la capacité de tous les concurrens, ainsi que leurs certificats de mérite & de bonnes mœurs, signés des Capitaines ou autres Officiers commandant les Vaisseaux, sous les ordres desquels ils auront servi; ou le certificat du Directeur du Détail auquel ils auront été attachés, visé du Directeur général & du Commandant, ainsi que celui du Commissaire des Chantiers & Ateliers, visé de l'Intendant, si ce sont des gens employés dans lesdits Chantiers & Ateliers, ou aux mouvemens du Port: la préférence, à mérite égal, sera donnée au plus ancien, s'il est en état de servir. Le procès-verbal dudit examen, signé de tous les Membres, ainsi que l'avis motivé du Conseil, pour proposer le sujet qui aura paru le plus capable d'occuper la place vacante, seront envoyés par le Président, au Secrétaire d'État ayant le département de la Marine, qui fera connoître les intentions de Sa Majesté au Commandant & à l'Intendant.

413.

IL ne sera fait aucun examen de machine ou de projet quelconque, ni aucune épreuve dans le Port, que le Conseil n'ait nommé tels Commissaires qu'il voudra choisir, pour assister auxdits examens ou épreuves. Lesdits Commissaires en feront leur rapport au Conseil qui donnera son avis; & si l'objet est de quelqu'importance, lesdits rapports & avis du Conseil seront envoyés par le Président, au Secrétaire d'État ayant le département de la Marine.

Tous examens & épreuves de Machines, seront faits par les Commissaires nommés par le Conseil.

414.

TOUS les Membres du Conseil qui auront connoissance de quelqu'abus ou usage nuisible aux intérêts du Roi, seront tenus d'en faire leur rapport au Conseil qui, si le cas le requiert, nommera des Commissaires pour

Les Membres du Conseil seront tenus de faire leur rapport des abus

examiner l'affaire. Le rapport desdits Commissaires &
l'avis qui aura été pris, seront envoyés par le Président,
au Secrétaire d'État ayant le département de la Marine.

415.

*Conseil
extraordinaire,
pour examiner
les Consommations
& les Devis
au retour
des Campagnes.*

IL sera tenu extraordinairement, après chaque Campagne, un Conseil de Marine où seront appelés les
Commissaires départis au Bureau du Magasin général &
à celui des Armemens & Vivres, pour examiner les
Consommations & les Devis des Vaisseaux qui revien-
dront de la Mer.

416.

*L'Officier chargé
du
détail général
d'une Escadre
ou Armée,
remettra
au Conseil,
les Registres,
Procès-verbaux,
&c.
pour y être
examinés.*

L'OFFICIER qui aura été chargé du détail général
d'une Armée navale, Escadre ou Division, remettra au
Conseil ses Registres, ainsi que les Procès-verbaux de
marchés & achats de Munitions ou Effets, Certificats
des Fournisseurs, & toutes autres Pièces servant à justifier
des remplacemens & dépenses, afin que lesdites Pièces
soient examinées dans le Conseil qui nommera des
Commissaires pour un plus ample examen, s'il le juge
à propos. Ledit Conseil vérifiera si ledit Officier s'est
exactement conformé à ce qui lui est prescrit par l'Ordonnance de ce jour, *pour régler les fonctions dont les
Officiers de la Marine seront chargés sur les Escadres & à
bord des Vaisseaux, relativement aux consommations & remplacemens des Munitions & des Effets, & aux revues des
Équipages dans le cours des Campagnes :* Et dans le cas où
ledit Conseil auroit reconnu quelque manque de formalité
ou contravention à ladite Ordonnance, & n'auroit pas
approuvé les pièces qui lui auront été remises, ledit
Officier ne pourra être payé de ses appointemens qu'après

que Sa Majeſté aura fait connoître ſes intentions au Commandant du Port & à l'Intendant.

417.

L'OFFICIER qui aura été chargé du détail parti-culier de chaque Vaiſſeau, remettra pareillement au Conſeil l'Inventaire d'armement, le Regiſtre des Conſom-mations journalières, les Feuilles ſéparées des articles des différens Maîtres, mois par mois, ſignées d'eux, les Procès-verbaux concernant les Conſommations dont l'objet aura été conſidérable, & les Marchés & Quittances des Fourniſſeurs pour les achats & remplacemens qui auront été faits dans la forme preſcrite par l'Ordonnance de ce jour, citée dans le précédent article. Toutes leſdites Pièces ſeront certifiées par l'Officier chargé du détail, & viſées de l'Officier commandant le Vaiſſeau; & ſi ce ſont des Procès-verbaux de Conſommation ou de Rem-placemens, elles ſeront en outre certifiées par tous les Officiers de l'État-major, à défaut de quoi, elles ſeront regardées comme nulles & non avenues.

L'Officier chargé du détail particulier d'un Vaiſſeau, remettra au Conſeil, le Regiſtre des Conſommations & les Procès-verbaux.

418.

LE Conſeil ſera chargé de vérifier la nature, la quantité & la néceſſité deſdites Conſommations; ſi les procès-verbaux ſont revêtus des formes preſcrites, & ſi les Remplacemens ont été faits avec les formalités exigées par la ſuſdite Ordonnance: à l'effet de quoi, il nommera deux de ſes Membres auxquels ſe réunira le Commiſſaire du Magaſin général, pour examiner dans le plus grand détail, leſdites Conſommations & pièces qui les con-cernent, & en faire leur rapport dans un Conſeil qui ſera indiqué par le Préſident.

Le Conſeil nommera des Commiſſaires pour examiner les Conſommations.

419.

*L'Officier-
commandant,
l'Officier chargé
du détail,
& les Maîtres
ne seront payés
de leurs
appointemens
& soldes,
qu'après l'examen
des
Consommations.*

DANS le cas où, sur le rapport des Commissaires du Conseil, les Consommations paroîtroient hors de la règle, où il auroit été manqué aux formalités pour les Remplacemens qui auront été faits, & où les intérêts du Roi seroient lésés, soit par la négligence de l'Officier-commandant & de celui chargé du détail, soit par malversation de la part des différens Maîtres chargés des Effets du Roi, il en sera dressé un procès-verbal, pour être envoyé par le Président, ainsi que l'avis qui aura été pris par le Conseil, au Secrétaire d'État ayant le département de la Marine ; & dans ce cas, l'Officier commandant le Bâtiment, l'Officier chargé du détail, & ceux des Maîtres dont les Consommations n'auront pas été approuvées par le Conseil, ne pourront être payés de leurs appointemens & solde, qu'après que Sa Majesté aura fait connoître ses intentions au Commandant du Port & à l'Intendant.

420.

*Certificat
du Conseil,
pour autoriser
le payement
des appointemens
& soldes.*

DANS le cas où toutes les Consommations auront été approuvées, il en sera donné par le Conseil, un Certificat dont copie sera envoyée par le Président, au Secrétaire d'État ayant le département de la Marine ; & l'Intendant, sur l'approbation du Conseil, pourra ordonner le payement des appointemens de l'Officier-commandant, de ceux de l'Officier chargé du détail, & de la solde des Maîtres.

421.

INDÉPENDAMMENT des États de Consommations, il

fera remis au Conseil, par chaque Officier-commandant, un Devis signé de lui, du Vaisseau ou autre Bâtiment qu'il aura commandé, dans lequel Devis seront détaillés la manière dont l'arrimage aura été fait, la quantité de lest, soit en fer, soit en cailloux, qui aura été embarquée; la manière dont il étoit distribué dans la calle & la différence du tirant d'eau en lest, le nombre des canons montés & leurs calibres, le nombre de l'Équipage, la quantité de l'eau & des vivres, & la différence du tirant d'eau, le navire étant tout armé & prêt à mettre sous voiles. Il sera fait mention dans ce Devis, des bonnes ou des mauvaises qualités qu'on aura reconnues au Bâtiment pendant la navigation, à toutes les allures, à toutes les voilures, & dans toutes les positions. Il y sera joint un État des changemens ou réparations à faire au Bâtiment, que l'Officier - commandant aura jugé convenable de proposer au Conseil.

TIT. XVIII.

Le devis du Vaisseau sera remis au Conseil par l'Officier-commandant.

422.

LE Conseil examinera le Devis qui lui aura été présenté; & s'il juge à propos qu'il y soit joint quelques observations, elles seront transcrites au bas dudit Devis, qui sera signé des Membres du Conseil, pour être déposé au Contrôle de la Marine, & servir d'instruction aux Officiers qui commanderont dans la suite le même Bâtiment.

Examen du devis par le Conseil.

423.

DANS le cas où l'État joint au Devis annonceroit quelque réparation indispensable & urgente à faire au Bâtiment, le Conseil nommera ceux de ses Membres, ou tels autres Commissaires qu'il lui plaira choisir, pour

Cas des réparations urgentes.

vérifier la nécessité desdites réparations, & en faire leur rapport par écrit au Commandant, qui donnera ses ordres pour qu'il soit procédé sans délai aux réparations urgentes, & rendra compte sur le champ au Secrétaire d'État ayant le département de la Marine, de la délibération du Conseil, & du travail qu'il aura ordonné en conséquence du rapport des Commissaires.

424.

Cas de défarmement dans un autre Port que ceux de Brest, Toulon & Rochefort.

DANS le cas où un Vaisseau ou autre Bâtiment de Sa Majesté, défarmeroit dans un autre Port que ceux de Brest, Toulon & Rochefort, l'Officier commandant le Bâtiment, adressera au Commandant du Port auquel il sera affecté, le registre des Consommations faites pendant sa campagne, & le Devis du Bâtiment; pour lesdits Devis & Consommations, être examinés dans le Conseil de Marine, ainsi qu'il est prescrit par les précédens articles. Entend toutefois Sa Majesté, que le payement des appointemens & soldes du défarmement, sera fait, dans ce cas seulement, sans attendre la délibération du Conseil.

425.

Il sera dressé Procès-verbal de chaque séance.

IL sera dressé procès-verbal de chaque séance du Conseil de Marine, & il en sera envoyé, par le Président, une expédition signée du Secrétaire dudit Conseil, au Secrétaire d'État ayant le département de la Marine; & le Secrétaire du Conseil donnera une copie signée de lui, au Commandant & à l'Intendant, du procès-verbal de chaque séance.

426.

A l'effet de quoi, à la fin de chaque séance, le
Secrétaire

Secrétaire fera le réfumé des opinions, dans lequel il énoncera tous les avis particuliers : il en fera fait lecture au Confeil, & tous les Membres figneront au bas dudit réfumé.

427.

LE Secrétaire s'occupera enfuite de rédiger le procès-verbal ; & fi cette rédaction ne peut être achevée dans la féance, il fera fait lecture dudit procès-verbal au Confeil fuivant, excepté dans le cas où la nature des objets qui auront été difcutés, exigeroit que Sa Majefté fût informée fans délai de la délibération du Confeil ; auquel cas le Préfident indiqueroit pour le lendemain un Confeil extraordinaire, pour lecture y être entendue dudit procès-verbal, qui fera figné de tous les Membres fi aucun n'a d'obfervations à faire fur icelui. Les avis particuliers qu'on pourroit avoir donnés par écrit, ainfi que les mémoires qui auroient été remis au Confeil, fur la matière qui aura été difcutée, feront joints au procès-verbal de la féance, pour le tout être envoyé par le Préfident, au Secrétaire d'État ayant le département de la Marine.

Lecture fera faite au Confeil fuivant, du Procès-verbal de chaque féance, qui fera envoyé à la Cour.

428.

LE Secrétaire du Confeil portera toutes les délibérations ou avis dudit Confeil, & les procès-verbaux des féances, fur un Regiftre particulier qu'il tiendra à cet effet, & qui fera dépofé au Contrôle : fur ce Regiftre feront tranfcrits les ordres de Sa Majefté, & les décifions relatives aux différens objets qui auront été examinés & difcutés dans le Confeil, & fur lefquels il aura donné fon avis.

Regiftres du Confeil.

U

*Des affaires
renvoyées
au Conseil.*

429.

SE réserve Sa Majesté de renvoyer aux Conseils de Marine, soit avec voix délibérative, soit avec voix consultative seulement, toutes les affaires, autres que celles mentionnées dans la présente Ordonnance, qu'Elle jugera à propos d'y faire juger & discuter.

430.

*Du bon ordre
à y observer.*

ENJOINT Sa Majesté aux Présidens desdits Conseils, de tenir soigneusement la main à ce que tout s'y passe dans le bon ordre & avec la décence convenable; à ce que les objets y soient traités sans confusion, & les opinions débattues sans partialité & sans chaleur; enfin, à ce que tous les Membres du Conseil concourent assidûment, paisiblement & avec zèle, à tout ce qui peut contribuer au bien du service.

TITRE XIX.

Du Conseil de Marine assemblé extraordinairement par ordre de Sa Majesté.

431.

*Conseil de Marine
tenu au retour
des Campagnes,
pour examiner
la conduite
des Officiers-
commandans.*

LORSQUE Sa Majesté jugera à propos de faire examiner la conduite des Officiers généraux, Capitaines de Vaisseaux & autres Officiers qu'Elle aura chargés du commandement de ses Escadres, Divisions ou Vaisseaux particuliers, relativement aux missions qui leur auront été confiées; Elle ordonnera qu'il soit assemblé extraordinairement un

Conseil de Marine dans celui de ses Ports de Brest, Toulon
ou Rochefort, où aborderont lesdites Escadres, Divisions
ou Vaisseaux particuliers, pour procéder audit examen.

432.

LE Conseil de Marine ne sera composé, dans ce cas,
que du nombre d'Officiers généraux ou anciens Capitaines
de Vaisseaux que Sa Majesté jugera à propos de nommer;
lesquels prendront séance suivant leur ancienneté dans
leurs grades respectifs.

De quels Officiers, dans ce cas, il sera composé.

433.

LE Conseil s'assemblera chez l'Officier le plus ancien,
qui en sera le Président.

Président & lieu de l'Assemblée.

434.

LE Commandant en chef d'une Escadre, ainsi que
les Officiers généraux employés sous ses ordres, & le
Commandant d'un Bâtiment particulier, au retour de la
mer, enverront leurs Journaux à Sa Majesté : Et si Elle
juge à propos de faire tenir un Conseil de Marine
pour examiner la conduite & les opérations desdits
Officiers-commandans ; en même temps qu'Elle nommera
les Officiers qui doivent le composer, Elle adressera au
Président lesdits Journaux, & une copie des Instructions
qu'Elle aura données aux Commandans.

Les Journaux qui auront été adressés à Sa Majesté, par les Officiers-commandans, au retour des Campagnes, seront renvoyés au Président du Conseil.

435.

CHACUN des Officiers-commandans qui devra être
examiné, remettra au Conseil un Extrait de son Journal,
signé de lui, dans lequel seront détaillées toutes les
opérations & les manœuvres de sa Campagne, relatives

Chaque Commandant remettra au Conseil un précis des opérations de sa Campagne.

à l'exécution de ses Inftructions particulières, s'il a été chargé d'une miffion en chef, ou des ordres qu'il a reçus du Général, s'il a navigué en Efcadre; & où il rendra compte de la conduite qu'il a tenue dans les divers évènemens furvenus pendant fa campagne, & des motifs qui ont déterminé, dans chaque circonftance, fes opérations & fes manœuvres.

436.

Le fecret fera gardé.

IL leur ajoutera, qu'ils font tenus, ainfi que Sa Majefté l'exige d'eux, au fecret le plus inviolable fur tout ce qui aura été agité & délibéré dans les Affemblées, hors defquelles ils ne s'entretiendront point de ce qui aura fait le fujet de leurs délibérations.

437.

Élection du Rapporteur.

LE Confeil élira enfuite un des Membres pour être le Rapporteur.

438.

L'Officier à examiner, répondra aux interrogations du Confeil.

CELUI qui devra être examiné au Confeil, ou qui y fera appelé, s'y rendra lorfque le Préfident l'en fera avertir : il répondra à toutes les interrogations qui lui feront faites, après avoir préalablement fait ferment de dire vérité, & fournira tous les Mémoires qui lui feront demandés.

439.

Le Confeil examinera fi les Commandans ont rempli leurs inftructions.

LE Confeil examinera fi les Commandans ont rempli dans toute leur étendue les inftructions qui leur ont été données par Sa Majefté, & s'ils fe font conformés à tout ce qui leur eft prefcrit par les Ordonnances.

440.

LE Commandant d'une Escadre rendra compte au Conseil de la conduite de chacun des Officiers généraux commandant sous ses ordres, & de celle des Capitaines commandant les Vaisseaux & autres Bâtimens qui la composoient ; & ceux-ci, lorsqu'ils seront appelés au Conseil, de celle des Officiers qui auront servi sous eux ; & lesdits Officiers subalternes, ainsi que les Pilotes, remettront leurs Journaux au Président du Conseil.

TITRE XIX.

Comptes à rendre au Conseil par les Officiers.

441.

LES délibérations du Conseil, dans lesquelles il sera fait mention de l'avis motivé de chacun des Membres, seront signées de tous, & adressées par le Président à Sa Majesté qui se réserve de faire ensuite connoître ses intentions.

Signature des Délibérations.

442.

LE Rapporteur du Conseil portera sur un Registre le résultat de l'examen qui aura été fait à chaque Assemblée, & les délibérations.

Seront portées sur un Registre.

443.

LORSQU'IL ne devra point être tenu de Conseil de Marine, tous les Officiers de l'Escadre, de la Division ou du Vaisseau particulier, à l'exception du Commandant en chef & des Officiers généraux, remettront, ainsi que les Pilotes, au retour de leur Campagne, au Commandant du Port, les Journaux qu'ils sont obligés de tenir ; lesquels seront examinés par deux Officiers

Remise des Journaux par les Officiers subalternes & les Pilotes, au Commandant, lorsqu'il ne sera pas tenu de Conseil de Marine.

nommés à cet effet par ledit Commandant, qui enſuite fera connoître à Sa Majeſté ceux qui n'auront point apporté d'application dans la tenue deſdits Journaux: Ledit Commandant ordonnera qu'il ſoit fait des extraits des obſervations & remarques intéréſſantes qui pourront ſe trouver dans leſdits Journaux, & il enverra leſdits extraits ou les Journaux entiers, s'il le juge à propos, au Secrétaire d'État ayant le département de la Marine, pour être remis au Dépôt général des Cartes, Plans & Journaux de la Marine.

444.

Ce qui ſera obſervé pour les Vaiſſeaux & autres Bâtimens qui déſarmeront ailleurs que dans les ports de Breſt, Toulon & Rochefort.

Si aucun des Vaiſſeaux ou autres Bâtimens du Roi, déſarme dans un autre Port que Breſt, Toulon & Rochefort, le Secrétaire d'État ayant le département de la Marine, après avoir reçu le Journal qu'il eſt enjoint à l'Officier qui l'aura commandé d'envoyer, lui fera connoître celui deſdits Ports où les Officiers de ſon État-major & le Pilote, devront remettre le leur, & où ils devront, ainſi que lui, ſe rendre, ſi Sa Majeſté juge à propos de faire examiner la conduite dudit Officier dans un Conſeil de Marine.

445.

Dépôt des Journaux & du Regiſtre des Délibérations, confié au Commandant du Port.

Il ſera établi dans chacun des ports de Breſt, Toulon & Rochefort, un Dépôt où ſeront remis les Journaux, Plans & Mémoires des Officiers dont la conduite aura été examinée au Conſeil de Marine, & les ordres du Roi, en conféquence deſquels il aura été procédé audit examen, ainſi que le Regiſtre où ſeront portés les réſultats & délibérations dudit Conſeil. Les Journaux dont il eſt parlé ci-deſſus, *article 443,* qui n'auront point été envoyés à la Cour, feront pareillement remis au Dépôt, dont le Commandant du Port fera particulièrement chargé : Il n'en communiquera aucuns papiers (fi ce n'eft, lors de la tenue d'un Confeil de Marine, à l'Officier qui en fera le Préfident) que par les ordres du Secrétaire d'État ayant le département de la Marine.

446.

VEUT Sa Majefté que ce qui eft prefcrit par la préfente Ordonnance, foit exécuté dans toutes fes parties, à commencer du 1.er Décembre prochain; dérogeant aux Ordonnances & Règlemens précédemment rendus, ainfi qu'à toutes Inftructions, Commiffions & Brevets à ce contraires : Entendant néanmoins que les difpofitions defdites Ordonnances, & notamment de celle du 25 Mars 1765, *concernant la Marine*, foient maintenues & fuivies en tout ce à quoi il n'a pas été dérogé, & pour les points auxquels il n'a pas été pourvu par la préfente.

MANDE & ordonne Sa Majefté à Monf. le Duc de Penthièvre, Amiral de France, aux Vice-amiraux; Commandans de fes Ports, Lieutenans généraux, Chefs d'Efcadres, Directeurs généraux & particuliers de fes Arfenaux de Marine; aux Intendans de la Marine, Commiffaires généraux ou ordinaires des Ports & Arfenaux, Ordonnateurs, & à tous autres fes Officiers employés dans fes Ports & Arfenaux de Marine, d'obferver la préfente Ordonnance, & de tenir la main, chacun en droit foi, à fon exécution.

FAIT à Verfailles le vingt-fept Septembre mil fept

cent foixante - feize. *Signé* LOUIS. *Et plus bas,*
DE SARTINE.

LE DUC DE PENTHIÈVRE,

Amiral de France, Gouverneur & Lieutenant
général pour le Roi en fa province de Bretagne.

VU l'Ordonnance du Roi, ci-deffus & des autres
parts, à nous adreffée : MANDONS aux Vice-
amiraux, Commandans de fes Ports, Lieutenans généraux, Chefs d'Efcadres, Directeurs généraux & particuliers
de fes Arfenaux de Marine; aux Intendans de la Marine,
Commiffaires généraux ou ordinaires des Ports &
Arfenaux, Ordonnateurs, & à tous autres fes Officiers
employés dans fes Ports & Arfenaux de Marine, chacun
en droit foi, de l'exécuter & faire exécuter felon fa
forme & teneur. FAIT à Bizy le vingt-trois Octobre mil
fept cent foixante-feize. *Signé* L. J. M. DE BOURBON.
Et plus bas, Par fon Alteffe Séréniffime.

Signé DE GRANDBOURG.

ORDONNANCE
DU ROI,

Pour la fuppreffion du Corps des Officiers d'Adminiftration & des Écrivains de la Marine.

Du 27 Septembre 1776.

DE PAR LE ROI.

SA MAJESTÉ ayant par fon Ordonnance de ce jour, *concernant la Régie & Adminiftration générale & particulière des Ports & Arfenaux de Marine,* attribué aux Officiers militaires, les fonctions dont ceux d'Adminiftration étoient précédemment chargés, relativement à la direction des travaux & des opérations mécaniques des Ports : Ayant pourvu d'ailleurs d'une manière plus fimple & moins difpendieufe que par le paffé, aux autres parties du fervice, dont lefdits Officiers d'Adminiftration & les Écrivains de la Marine étoient pareillement chargés; Elle a jugé néceffaire de fupprimer le Corps des Officiers d'Adminiftration & les Écrivains de la Marine ; en conféquence, Elle a ordonné & ordonne ce qui fuit :

ARTICLE PREMIER.

A commencer du 1.er Décembre prochain, le Corps des Officiers d'Adminiftration & les Écrivains de la Marine, feront & demeureront fupprimés : N'entend toutefois Sa Majefté comprendre dans le nombre defdits Officiers, les Intendans de la Marine, des Armées navales, des Claffes & des Colonies.

2.

LES Commiffaires des Chaînes des Galères feront confervés & maintenus aux fonctions & appointemens qui leur ont été attribués.

3.

SA MAJESTÉ voulant traiter favorablement lefdits Officiers d'Adminiftration & les Écrivains de la Marine fupprimés, Elle accorde aux Commiffaires généraux, Commiffaires ordinaires & Contrôleurs de la Marine ; aux Commiffaires des Claffes, Gardes-magafins, Sous-commiffaires de la Marine & des Claffes, Sous-garde-magafins, Élèves-commiffaires & Écrivains de la Marine & des Claffes, les traitemens ci-après fixés :

SAVOIR;

A ceux qui ont fervi trente-cinq ans & au-deffus, les appointemens entiers dont ils jouiffoient dans leur grade.

A ceux qui ont fervi trente ans, les trois quarts de leurs appointemens.

A ceux qui ont fervi vingt-cinq ans, les deux tiers de leurs appointemens.

A ceux qui ont fervi de quinze à vingt ans, la moitié de leurs appointemens.

A ceux qui ont fervi de dix à quinze ans, le tiers de leurs appointemens.

Et à ceux qui n'ont pas dix ans de fervice, le quart de leurs appointemens.

4.

LES traitemens fixés par l'article précédent, ne commenceront d'avoir lieu qu'au 1.er Janvier prochain ; & jufqu'à cette époque, les Officiers d'Adminiftration & les Écrivains de la Marine, fupprimés, continueront de jouir des appointemens qui leur étoient attribués dans leurs grades refpectifs avant la fuppreffion.

5.

LESDITS traitemens feront payés de trois mois en trois mois, fur les fonds de la Marine, fans autre retenue que celle des quatre deniers pour livre qui fe perçoivent au profit de la caiffe des Invalides de la Marine.

6.

CEUX defdits Officiers d'Adminiftration ou Écrivains de la Marine, fupprimés, que Sa Majefté jugera à propos d'employer par la fuite en quelqu'autre qualité, cefferont de jouir des traitemens qui leur font accordés par la préfente Ordonnance, à commencer du jour où ils feront remis en activité.

7.

LES Commiffaires généraux, Commiffaires ordinaires, Contrôleurs, Sous-commiffaires, Gardes-magafins & Écrivains de la Marine, qui fe trouvent actuellement employés dans les Colonies de l'Amérique, & dans celles qui font fituées au-delà du cap de Bonne-efpérance, ou deftinés pour lefdites Colonies, quoiqu'étant compris dans la fuppreffion générale du Corps des Officiers d'Adminiftration & des Écrivains de la Marine, continueront de fervir aux mêmes fonctions & appointemens dont ils jouiſſent, ſous les dénominations de Commiſſaires généraux, Commiſſaires ordinaires, Contrôleurs, Sous-commiſſaires, Gardes-magaſins & Écrivains *des Colonies*, juſqu'à ce qu'il en ait été autrement ordonné par Sa Majeſté : Obſervant toutefois, dans les cas où il s'agiroit de conſtructions, radoubs ou armemens à faire dans leſdites Colonies, de ſe conformer, pour la forme du ſervice, à ce qui eſt preſcrit aux Commiſſaires des Ports & Arſenaux, & autres Officiers, par l'Ordonnance de ce jour, *concernant la Régie & Adminiſtration générale & particulière des Ports & Arſenaux de Marine.*

MANDE & ordonne Sa Majeſté à Monſ. le Duc de Penthièvre, Amiral de France, & aux Intendans de la Marine & des Colonies, de tenir la main à l'exécution de la préſente Ordonnance.

FAIT à Verſailles le vingt-ſept ſeptembre mil ſept cent ſoixante-ſeize. *Signé* LOUIS. *Et plus bas,* DE SARTINE.

LE DUC DE PENTHIÈVRE,

Amiral de France, Gouverneur & Lieutenant général pour le Roi en ſa province de Bretagne.

VU l'Ordonnance du Roi, ci-deſſus & des autres parts, à nous adreſſée : MANDONS aux Intendans de la Marine & des Colonies, de l'exécuter & faire exécuter ſuivant ſa forme & teneur. FAIT à Bizy le vingt-trois octobre mil ſept cent ſoixante-ſeize. *Signé* L. J. M. DE BOURBON. *Et plus bas,* Par ſon Alteſſe Sérénisſime. *Signé* DE GRANDBOURG.

A PARIS, DE L'IMPRIMERIE ROYALE. 1776.

ORDONNANCE
DU ROI,

Portant établissement de Commissaires généraux &
ordinaires des Ports & Arsenaux de Marine,
& de Gardes-magasins.

Du 27 Septembre 1776.

DE PAR LE ROI.

S A MAJESTÉ ayant, par son Ordonnance de ce jour, supprimé le Corps des Officiers d'Administration de la Marine, Elle a jugé nécessaire d'établir des Commissaires généraux & ordinaires des Ports & Arsenaux de Marine, & des Gardes-magasins; en conséquence, Elle a ordonné & ordonne ce qui suit:

ARTICLE PREMIER.

Les Départemens de la Marine feront & demeureront fixés à fix, favoir ; Breft, Toulon, Rochefort, le Havre, Dunkerque & Bordeaux.

2.

Supprime Sa Majefté le Département établi à l'Orient, qui fera & demeurera à l'avenir fous la dépendance du Département de Breft.

3.

Il fera établi un Commiffaire général des Ports & Arfenaux de Marine, dans chacun des ports de Breft, Toulon & Rochefort, pour aider & fuppléer l'Intendant dans fes fonctions.

4.

Il fera établi un Commiffaire Ordonnateur, dans chacun des Départemens du Havre, de Dunkerque & de Bordeaux, lequel Ordonnateur pourra obtenir le titre & les appointemens de Commiffaire général, lorfque l'ancienneté ou la diftinction de fes fervices l'auront rendu fufceptible de cette grâce.

5.

L'intention de Sa Majefté eft qu'il ne puiffe y avoir de Commiffaires généraux ailleurs que dans les trois grands Ports, & les trois places d'Ordonnateurs ci-deffus fixées.

6.

Il fera établi des Commiffaires ordinaires & furnuméraires des Ports & Arfenaux de Marine, dans les fix Départemens & Ports en dépendans;

S A V O I R;

Dans chacun des ports de Breft, Toulon & Rochefort, cinq Commiffaires ordinaires; deux Commiffaires furnuméraires à Breft, & un feul Commiffaire furnuméraire dans chacun des deux autres Ports.

Au Havre, à Dunkerque & à Bordeaux, un Commiffaire ordinaire Ordonnateur (qui pourra être Commiffaire général, conformément à l'article 4) & un Commiffaire ordinaire.

À l'Orient, fous la dépendance de Breft, un Commiffaire ordinaire & un Commiffaire furnuméraire.

À Nantes & à Saint-Malo, fous la dépendance de Breft, un Commiffaire ordinaire.

À Marfeille, fous la dépendance de Toulon, un Commiffaire ordinaire, & un Commiffaire furnuméraire pour le détail particulier de l'Hôpital & des Chiourmes.

En Corfe, fous la dépendance de Toulon, un Commiffaire ordinaire.

Et à Bayonne, fous la dépendance de Bordeaux, un Commiffaire ordinaire; & un Commiffaire furnuméraire, pour le détail particulier des bois des Pyrénées.

7.

EN cas de mort ou d'abfence, & jufqu'à ce qu'il y ait été pourvu par Sa Majefté, les Ordonnateurs du Havre, de Dunkerque & de Bordeaux, feront fuppléés par le Commiffaire ordinaire affecté à chacun de ces Départemens; le Commiffaire de Marfeille & celui de l'Orient, par le Commiffaire furnuméraire; & les Commiffaires de Nantes, Saint-Malo, Bayonne & de Corfe, par le Commiffaire des Claffes qui fera établi dans chacun defdits lieux.

4

8.

LORSQU'IL viendra à vaquer une place de Commiſſaire général, de Commiſſaire ordinaire ou ſurnuméraire, dans l'un des ſix Départemens & Ports en dépendans, Sa Majeſté ſe réſerve de choiſir parmi les Officiers d'Adminiſtration ſupprimés par l'Ordonnance de ce jour, celui qu'il lui plaira nommer pour remplir la place vacante.

9.

IL ſera établi un Garde-magaſin dans chacun des ports de Breſt, Toulon, Rochefort, le Havre, Dunkerque, Bordeaux, l'Orient, Nantes, Marſeille & Bayonne.

10.

LES Commiſſaires généraux, les Commiſſaires ordinaires & ſurnuméraires, & les Gardes-magaſins, établis dans les ports de Breſt, Toulon, Rochefort & ailleurs, exerceront les fonctions qui leur ſont attribuées par l'Ordonnance de ce jour, *concernant la Régie & Adminiſtration générale & particulière des Ports & Arſenaux de Marine.*

11.

LES Commiſſaires des Ports & Arſenaux de Marine, ne ſeront employés que dans les Départemens & Ports mentionnés dans les précédens articles, & ne ſeront point envoyés dans les Forêts pour la viſite & l'examen des bois; l'intention de Sa Majeſté étant que cette partie du ſervice ſoit à l'avenir confiée aux Ingénieurs-conſtructeurs & aux maîtres Charpentiers entretenus dans ſes Ports.

12.

LES appointemens des Commiſſaires généraux & des Commiſſaires ordinaires & ſurnuméraires des Ports & Arſenaux de Marine, ſeront fixés ainſi qu'il ſuit:

Les Commiſſaires généraux feront payés fur le pied, chacun, de fix mille livres d'appointemens par an.

En outre defdits appointemens, les Commiſſaires généraux des trois ports de Breſt, Toulon & Rochefort, jouiront de cinq cents livres de fupplément d'appointemens par mois, dans le cas feulement où ils feroient Ordonnateurs en l'abfence des Intendans.

Le Commiſſaire général qui feroit Ordonnateur au Havre ou à Dunkerque, de trois mille livres de fupplément d'appointemens par an, & celui qui le feroit à Bordeaux, de quatre mille livres.

Les Commiſſaires ordinaires, feront payés fur le pied, chacun, de trois mille livres d'appointemens par an.

Le Commiſſaire ordinaire, Ordonnateur au Havre ou à Dunkerque, jouira de trois mille livres de fupplément d'appointemens par an; le Commiſſaire ordinaire Ordonnateur à Bordeaux, de quatre mille livres; les Commiſſaires employés à l'Orient, Nantes, Marfeille & Bayonne, & en Corfe, chacun, de deux mille livres; les Commiſſaires prépofés au Bureau du Magafin général, & à celui des chantiers & ateliers dans l'un des ports de Breſt, Toulon & Rochefort, chacun, de mille livres; les Commiſſaires prépofés aux trois autres Bureaux, dans les trois mêmes Ports, chacun, de cinq cents livres.

Les Commiſſaires furnuméraires employés à Breſt, Toulon, Rochefort, l'Orient, Marfeille & Bayonne, feront payés fur le pied, chacun, de deux mille quatre cents livres d'appointemens par an.

I 3.

LES appointemens des Gardes-magafins, feront fixés ainfi qu'il fuit :

Les Gardes-magafins de Breſt, Toulon & Rochefort, feront payés fur le pied, chacun, de deux mille quatre cents livres par an.

Ceux du Havre, de Dunkerque & de Bordeaux, fur le pied, chacun, de dix-huit cents livres par an.

Ceux de l'Orient, Nantes, Marfeille & Bayonne, fur le pied, chacun, de douze cents livres par an.

14.

LES appointemens réglés par la préfente Ordonnance, tant aux Commiffaires généraux, ordinaires & furnuméraires des Ports & Arfenaux de Marine, qu'aux Gardes-magafins, ne commenceront d'avoir lieu qu'au 1.er Janvier prochain pour ceux des Officiers d'Adminiftration ou des Écrivains de la Marine, fupprimés par l'Ordonnance de ce jour, qui feront employés en quelqu'une defdites qualités ; & jufqu'à ladite époque, ils continueront de jouir des appointemens qui leur étoient attribués avant la fuppreffion.

15.

IL fera réglé chaque année, par les états que Sa Majefté arrêtera, fur la demande des Intendans ou Ordonnateurs, le nombre des Commis aux écritures & Commis aux appels, qui devront être employés dans chaque Département, fuivant les circonftances & les befoins du fervice ; & les fommes qui devront être payées dans chaque Port, tant pour les appointemens defdits Commis, que pour tous frais de Bureaux.

16.

L'UNIFORME des Commiffaires généraux, ordinaires & furnuméraires des Ports & Arfenaux de la Marine, fera compofé d'un habit de drap gris-de-fer, paremens de velours-cramoifi, vefte & culotte de drap écarlate, boutons d'or-trait, chapeau bordé d'un galon d'or.

Les ornemens feront :

Pour le Commiffaire général, douze brandebourgs en or, de chaque côté de l'habit, trois fur la poche, trois fur la manche, boutonnières en or à la vefte.

Pour le Commiſſaire ordinaire ou ſurnuméraire ; ſix brande-bourgs de chaque côté de l'habit, deux ſur la manche, trois ſur la poche, boutonnières en or à la veſte.

La couleur du drap, le deſſin des brandebourgs, les boutons, le bord du chapeau, ſeront conformes aux modèles qui ſeront dépoſés au Contrôle de la Marine dans chaque Port.

17.

DÉFEND Sa Majeſté auxdits Commiſſaires généraux ordinaires ou ſurnuméraires, de porter dans le Port d'autre habit que l'uniforme ci-deſſus réglé; leur permet ſeule-ment de le porter en camelot de laine pendant l'été.

MANDE & ordonne Sa Majeſté à Monſ. le Duc de Penthièvre, Amiral de France, aux Intendans de la Marine, aux Commiſſaires généraux ou ordinaires des Ports & Arſenaux de Marine, Ordonnateurs, & à tous autres qu'il appartiendra, de tenir la main, chacun en droit ſoi, à l'exécution de la préſente Ordonnance.

FAIT à Verſailles le vingt-ſept ſeptembre mil ſept cent ſoixante-ſeize. *Signé* LOUIS. *Et plus bas,* DE SARTINE.

LE DUC DE PENTHIÈVRE,

Amiral de France, Gouverneur & Lieutenant général pour le Roi en ſa province de Bretagne.

VU l'Ordonnance du Roi ci-deſſus & des autres parts, à nous adreſſée : MANDONS aux Intendans de la Marine, aux Commiſſaires généraux ou ordinaires des Ports

& Arſenaux de Marine, Ordonnateurs & à tous autres qu'il appartiendra, de l'exécuter & faire exécuter, chacun en droit ſoi, ſuivant ſa forme & teneur. FAIT à Bizy le vingt-troiſième octobre mil ſept cent ſoixante-ſeize. *Signé* L. J. M. DE BOURBON. *Et plus bas*, Par ſon Alteſſe Séréniſſime. *Signé* DE GRANDBOURG.

A PARIS,

DE L'IMPRIMERIE ROYALE.

M. DCCLXXVI.

ORDONNANCE
DU ROI,

Portant établissement de Commissaires & de Syndics des Classes.

Du 27 Septembre 1776.

DE PAR LE ROI.

SA MAJESTÉ ayant, par son Ordonnance de ce jour, supprimé le Corps des Officiers d'Administration de la Marine, dont les Commissaires des Classes faisoient partie; & jugeant nécessaire pour le bien de son service, que les Commissaires préposés aux Classes soient distincts & séparés de ceux que, par son autre Ordonnance de ce jour, Elle a établis pour servir dans ses Ports & Arsenaux de Marine, Elle a ordonné & ordonne ce qui suit :

ARTICLE PREMIER.

À commencer du 1.er Décembre prochain, il sera établi Cinquante Commissaires des Classes qui seront répartis :

SAVOIR;

Dans le département de Breft, Onze, dont un à Breft, un à l'Orient, un à Saint-Brieuc, un à Morlaix, un à Quimper, un à Painbœuf, un au Croific, un à Belle-île, un à Saint-Malo, un à Nantes, & un à Vannes.

Dans le département de Toulon, Douze, dont un à Toulon, un à Marfeille, un au Martigues, un à la Ciotat, un à Cannes, un à Saint-Tropès, un à Antibes, un à Arles, un à Cette, un à Agde, un à Narbonne, & un en Corfe.

Dans le département de Rochefort, Sept, dont un à Rochefort, un à la Rochelle, un à l'île-de-Ré, un à l'île d'Oleron, un aux Sables d'Olonne, un à Marennes, & un à Royan.

Dans le département du Havre, Huit, dont un au Havre, un à Dieppe, un à Fécamp, un à Rouen, un à Caen, un à Honfleur, un à Cherbourg, & un à Grandville.

Dans le département de Dunkerque, Trois, dont un à Dunkerque, un à Calais, & un à Boulogne.

Dans le département de Bordeaux, Neuf, dont un à Bordeaux, un à Bayonne, un à Saint-Jean-de-Luz, un à la Tête-de-Buch, un à Blaye, un à Libourne, un à Moiffac, un à Marmande, & un à Touloufe.

2.

LES Commiffaires des Claffes feront fous l'autorité de l'Intendant ou Ordonnateur de leur Département refpectif; ils fe conformeront à ce qui eft prefcrit aux Commiffaires des Claffes, par les Ordonnances & Règlemens fur cette partie, & rendront compte à l'Intendant ou Ordonnateur de tout ce qui concernera les Claffes de leur Département.

3.

IL fera établi dans les Ports & Villes moins confidérables que ceux énoncés dans l'article 1.ᵉʳ, conformément aux états qui feront arrêtés par Sa Majefté, des Syndics des Claffes, au lieu & place des Sous-commiffaires de la Marine & des Claffes, ci-devant employés dans lefdits Ports & Villes, & fupprimés par l'Ordonnance de ce jour.

4.

LESDITS Syndics des Claſſes feront les fonctions de Commiſſaires des Claſſes, en vertu d'un ordre du Roi, & rendront
compte au Commiſſaire de leur Département, de tout ce qui
concernera les Claſſes du Quartier où ils auront été établis.

5.

SA MAJESTÉ nommera, chaque année, pour faire l'inſpection
des Claſſes dans les différens Départemens, des Officiers généraux
de ſa Marine, ou des Capitaines de Vaiſſeaux, auxquels Elle
adreſſera des inſtructions particulières.

6.

LES Commiſſaires des Claſſes feront payés ſur le pied, chacun
de deux mille livres ou de quinze cents livres d'appointemens
par an, conformément aux États qui feront arrêtés par Sa Majeſté,
& les Syndics des Claſſes feront payés aux appointemens qui
auront été réglés par les mêmes États.

7.

IL fera pareillement fixé, par les États que Sa Majeſté arrêtera,
les ſommes qui devront être payées annuellement à chaque
Commiſſaire ou Syndic des Claſſes, pour l'entretien de Commis
& frais de bureaux.

8.

L'UNIFORME des Commiſſaires & des Syndics des Claſſes,
fera compoſé d'un habit de drap gris-de-fer, paremens de la même
couleur, collet de velours cramoiſi, veſte & culotte de drap
écarlate, boutons d'or-trait, chapeau bordé d'un galon d'or uni.

Les ornemens feront, pour les Commiſſaires, ſix boutonnières
en or-trait, de chaque côté de l'habit, trois ſur la manche, trois
ſur la poche, boutonnières en or à la veſte.

La couleur du drap, les boutons & le bord du chapeau feront conformes aux modèles qui feront envoyés dans chaque Département.

M A N D E & ordonne Sa Majeſté à Monſ. le Duc de Penthièvre, Amiral de France, aux Intendans de la Marine & des Claſſes, aux Commiſſaires généraux ou ordinaires des Ports & Arſenaux de Marine, Ordonnateurs, & à tous autres qu'il appartiendra, de tenir la main, chacun en droit ſoi, à l'exécution de la préſente Ordonnance. F A I T à Verſailles le vingt-ſept ſeptembre mil ſept cent ſoixante-ſeize. *Signé* LOUIS. *Et plus bas,* DE SARTINE.

LE DUC DE PENTHIÈVRE
Amiral de France, Gouverneur & Lieutenant général pour le Roi en ſa province de Bretagne.

VU l'Ordonnance du Roi ci-deſſus & des autres parts, à nous adreſſée : M A N D O N S aux Intendans de la Marine & des Claſſes, aux Commiſſaires généraux ou ordinaires des Ports & Arſenaux de Marine, Ordonnateurs, & à tous autres qu'il appartiendra, chacun en droit ſoi, de l'exécuter & faire exécuter ſelon ſa forme & teneur. F A I T à Bizy le vingt-trois octobre mil ſept cent ſoixante-ſeize. *Signé* L. J. M. DE BOURBON. *Et plus bas,* Par ſon Alteſſe Séréniſſime. *Signé* DE GRANDBOURG.

A PARIS, DE L'IMPRIMERIE ROYALE. 1776.

ORDONNANCE DU ROI,

Concernant les Officiers de Port.

Du 27 Septembre 1776.

DE PAR LE ROI.

S A MAJESTÉ confidérant que par fon Ordonnance de ce jour, *concernant la Régie & Adminiftration générale & particulière des Ports & Arfenaux de Marine*, Elle a attribué aux Officiers de Port, des fonctions qui les mettent en concurrence continuelle de fervice avec les Officiers de Vaiffeau : Et eftimant néceffaire pour la facilité & l'harmonie des opérations, de réunir lefdits Officiers de Port aux Officiers de Vaiffeau, pour ne former des uns & des autres qu'un feul & même Corps, Elle a ordonné & ordonne ce qui fuit:

ARTICLE PREMIER.

LES Capitaines, Lieutenans & Enfeignes de Port, feront à l'avenir partie des Officiers de Vaiffeau, & il leur fera expédié en conféquence, des Commiffions & Brevets de Capitaines, Lieutenans & Enfeignes *de Vaiffeau & de Port.*

2.

VEUT néanmoins Sa Majefté que lefdits Capitaines, Lieutenans & Enfeignes de Port, ne prennent rang dans leur grade refpectif, qu'après les Capitaines, Lieutenans & Enfeignes de Vaiffeau, & ne foient portés fur les liftes qu'après eux, quelle que foit la date des Commiffions ou Brevets defdits Officiers de Port, qui continueront d'avoir entr'eux l'ancienneté qu'ils auront acquife par leur entrée au fervice, ou par leur avancement.

3.

LES Capitaines de Port commanderont aux Lieutenans & Enfeignes de Vaiffeau, & les Lieutenans de Port aux Enfeignes de Vaiffeau, lorfqu'ils fe trouveront de fervice enfemble, foit à terre dans les arfenaux, foit à la mer dans les cas où Sa Majefté jugeroit à propos d'y employer lefdits Officiers de Port.

4.

LES Capitaines, Lieutenans & Enfeignes de Port, porteront le même uniforme que les Capitaines, Lieutenans & Enfeignes de Vaiffeau; Sa Majefté n'entendant mettre d'autre diftinction entre les uns & les autres, qu'en ce que les Officiers de Port feront & demeureront toujours les derniers de leurs grades refpectifs.

5.

AUCUN Officier de Port ne pourra opter pour paffer de ce détail à un autre, ni quitter le fervice du Port, autrement qu'en fe retirant.

6.

LES avancemens des Officiers de Port, d'un grade à l'autre, se feront entr'eux, n'auront rien de commun avec ceux des autres Officiers de Vaisseau, & seront seulement communs entre tous les Officiers de Port, à quelque Département qu'ils soient affectés; se réservant Sa Majesté de faire passer lesdits Officiers d'un Port dans un autre, lorsqu'Elle le jugera nécessaire pour compléter le nombre fixé pour chaque grade dans chaque Département.

7.

LES Aides de Port seront & demeureront supprimés ; l'intention de Sa Majesté étant qu'à l'avenir les places qui viendront à vaquer parmi les Enseignes de Port, soient remplies par des Capitaines de Navires particuliers, & des Maîtres d'Équipage ou Maîtres-pilotes de la Marine du Roi, qui par la nature de leurs services & leur intelligence, auront été jugés susceptibles de cette grâce.

8.

LES Officiers de Port rempliront dans les arsenaux de Marine, & les ports & rades, les fonctions qui leur sont attribuées par l'Ordonnance de ce jour, *concernant la Régie & Administration générale & particulière des Ports & Arsenaux de Marine*, & continueront de jouir des appointemens qui leur ont été attribués par l'Ordonnance du 11 janvier 1762.

9.

DANS le cas où Sa Majesté jugeroit à propos de nommer un Capitaine de ses Vaisseaux, pour exercer les fonctions de Capitaine de Port, ledit Capitaine conservera son rang parmi les Capitaines de Vaisseau, & roulera avec eux pour son avancement.

10.

VEUT Sa Majesté que la présente Ordonnance soit exécutée

selon sa forme & teneur, à commencer du 1.er Décembre prochain ; dérogeant à toutes Ordonnances & Règlemens contraires à icelle.

MANDANT & ordonnant à Monf. le Duc de Penthièvre, Amiral de France ; aux Vice-amiraux, Lieutenans généraux, Commandans de ses ports, Chefs-d'escadre ; & aux Intendans de la Marine, Commiſſaires généraux ou ordinaires des ports & arsenaux de Marine, Ordonnateurs, de tenir la main, chacun en droit soi, à l'exécution de la préfente Ordonnance.

FAIT à Verfailles le vingt-sept feptembre mil fept cent foixante-feize. *Signé* LOUIS. *Et plus bas,* DE SARTINE.

LE DUC DE PENTHIÈVRE,

Amiral de France, Gouverneur & Lieutenant général pour le Roi en fa province de Bretagne.

VU l'Ordonnance du Roi ci-deſſus & des autres parts, à nous adreſſée : MANDONS aux Vice-amiraux, Lieutenans généraux, Commandans de ses ports, Chefs-d'escadre ; & aux Intendans de la Marine, Commiſſaires généraux ou ordinaires des ports & Arsenaux de Marine, Ordonnateurs, chacun en droit foi, de l'exécuter & faire exécuter felon fa forme & teneur. FAIT à Bizy le vingt-trois octobre mil fept cent foixante-feize. *Signé* L. J. M. DE BOURBON. *Et plus bas,* Par fon Alteſſe Séréniſſime. *Signé* DE GRANDBOURG.

A PARIS, DE L'IMPRIMERIE ROYALE. 1776.

ORDONNANCE
DU ROI,

Portant établissement de Contrôleurs de la Marine.

Du 27 Septembre 1776.

DE PAR LE ROI.

S A MAJESTÉ ayant, par son Ordonnance de ce jour, supprimé le Corps des Officiers d'Administration de la Marine, dans le nombre desquels étoient compris les Contrôleurs de la Marine; & jugeant nécessaire, pour le bien de son service, que lesdits Contrôleurs soient distincts & séparés des Commissaires que, par son autre Ordonnance de ce jour, Elle a établis pour servir dans ses Ports & Arsenaux de Marine, Elle a ordonné & ordonne ce qui suit :

ARTICLE PREMIER.

À commencer du 1.er Décembre prochain, il fera établi un Contrôleur de la Marine, dans chacun des départemens de Breſt, Toulon, Rochefort, le Havre, Dunkerque & Bordeaux.

2.

LESDITS Contrôleurs ne feront point compris dans le nombre des Commiſſaires des Ports & Arſenaux de Marine, que Sa Majeſté a établis par ſon Ordonnance de ce jour; & dans le cas où Elle agréeroit pour Contrôleur quelqu'un deſdits Commiſſaires, il fera tenu de remettre la Commiſſion dont il ſe trouvera pourvu, & il lui en fera expédié une de Contrôleur de la Marine.

3.

LES Contrôleurs de la Marine exerceront dans les Ports & Arſenaux de Marine, les fonctions qui leur feront attribuées par leur Commiſſion, & ſe conformeront, au ſurplus, à ce qui eſt preſcrit aux Contrôleurs de la Marine, par l'Ordonnance de ce jour, *concernant la Regie & Adminiſtration générale & particulière des Ports & Arſenaux de Marine.*

4.

EN cas de mort ou d'abſence, & juſqu'à ce qu'il y ait été pourvu par Sa Majeſté, les Contrôleurs, dans chaque Port, feront ſuppléés pour les fonctions journalières du Contrôle, par celui de leurs Commis, auquel l'Intendant ou Ordonnateur jugera à propos de donner un ordre à cet effet, ſans toutefois que ledit Commis puiſſe ſigner les pièces de décharge de la comptabilité, à moins qu'il n'y ſoit autoriſé par un ordre de Sa Majeſté.

5.

LESDITS Contrôleurs feront payés, ſavoir ; ceux de Breſt, Toulon & Rochefort, ſur le pied, chacun, de quatre mille livres d'appointemens par an.

Ceux du Havre, de Dunkerque & de Bordeaux, fur le pied, chacun, de trois mille livres d'appointemens par an.

Et lefdits appointemens ne commenceront d'avoir lieu qu'au 1.ᵉʳ Janvier prochain, pour ceux defdits Contrôleurs qui, ayant été compris dans la fuppreffion du Corps des Officiers d'Adminiftration de la Marine, continueront de jouir jufqu'à ladite époque, des appointemens qui leur étoient attribués dans leur grade avant ladite fuppreffion.

6.

IL fera réglé chaque année par les états que Sa Majefté arrétera, fur la demande des Intendans ou Ordonnateurs, le nombre de Commis au Contrôle, qui devront être employés fuivant les circonftances & les befoins du fervice, dans chaque Département, & les fommes qui devront être payées dans chaque Port, tant pour les appointemens defdits Commis, que pour tous frais de bureau du Contrôle.

7.

INDÉPENDAMMENT des Contrôleurs de la Marine des fix Départemens, il fera établi un Contrôleur de la Comptabilité des Ports & Arfenaux de Marine, à l'effet de maintenir un ordre uniforme dans cette partie importante du fervice de Sa Majefté, lequel Contrôleur jouira des appointemens qui lui feront ordonnés par les états & ordonnances qui feront à cet effet expédiés.

8.

L'UNIFORME des Contrôleurs de la Marine, fera compofé d'un habit de drap gris-de-fer, paremens, collet, vefte & culotte de drap écarlate; boutons d'or-trait; chapeau bordé d'un galon d'or.

Les ornemens feront, fix brandebourgs en or de chaque côté de l'habit, trois fur la poche, trois fur la manche, deux boutonnières en or au collet, boutonnières en or à la vefte.

La couleur du drap, le deſſin des brandebourgs, des boutons, & du bord du chapeau, feront conformes aux modèles qui feront dépofés au Contrôle dans chaque Port.

9.

DÉFEND Sa Majeſté auxdits Contrôleurs, de porter dans le Port, d'autre habit que l'uniforme ; leur permet feulement de le porter en camelot de laine pendant l'été.

MANDE & ordonne Sa Majeſté à Monf. le Duc de Penthièvre, Amiral de France, aux Intendans de la Marine, & aux Commiſſaires généraux ou ordinaires des Ports & Arfenaux de Marine, Ordonnateurs, de tenir la main, chacun en droit foi, à l'exécution de la préfente Ordonnance. FAIT à Verfailles le vingt-fept feptembre mil fept cent foixante-feize. *Signé* LOUIS. *Et plus bas,* DE SARTINE.

LE DUC DE PENTHIÈVRE,
Amiral de France, Gouverneur & Lieutenant général pour le Roi en fa province de Bretagne.

VU l'Ordonnance du Roi, ci-deſſus & des autres parts, à nous adreſſée : MANDONS aux Intendans de la Marine, & aux Commiſſaires généraux ou ordinaires des Ports & Arfenaux de Marine, Ordonnateurs, chacun en droit foi, de l'exécuter & faire exécuter felon fa forme & teneur. FAIT à Bizy le vingt-trois octobre mil fept cent foixante-feize. *Signé* L. J. M. DE BOURBON. *Et plus bas,* Par fon Alteffe Sérénifline. *Signé* DE GRANBDOURG.

A PARIS, DE L'IMPRIMERIE ROYALE. 1776.

ORDONNANCE DU ROI,

our régler les fonctions dont les Officiers de la
Marine feront chargés fur les Efcadres & à bord
des Vaiffeaux, relativement aux confommations &
remplacemens des Munitions & des Effets, & aux
revues des Équipages dans le cours des Campagnes.

Du 27 Septembre 1776.

A PARIS,

E L'IMPRIMERIE ROYALE.

M. DCCLXXVI.

ORDONNANCE
DU ROI,

Pour régler les fonctions dont les Officiers de la Marine feront chargés fur les Escadres & à bord des Vaiffeaux, relativement aux confommations & remplacemens des Munitions & des Effets, & aux revues des Équipages dans le cours des Campagnes.

Du 27 Septembre 1776.

DE PAR LE ROI.

S A MAJESTÉ s'étant fait rendre compte de la forme actuelle du fervice fur fes Armées navales, Efcadres, Vaiffeaux & autres Bâtimens de guerre, en ce qui concerne les confommations & remplacemens des Munitions &

des Effets, & les revues des Équipages; Elle a reconnu que les fonctions dont les Intendans, Commissaires & Écrivains de la Marine étoient ci-devant chargés sur ses Escadres & à bord de ses Vaisseaux, pourroient être remplies, avec plus d'avantage & plus d'économie pour son service, par des Officiers de la Marine, faisant partie des États-majors de ses Vaisseaux : Et voulant régler la manière dont lesdits Officiers tiendront les registres de consommations pourvoiront aux remplacemens, & passeront les revues d'Équipages dans le cours des Campagnes, Elle a ordonné & ordonne ce qui suit :

ARTICLE PREMIER.

LES Intendans de la Marine, les Commissaires généraux ordinaires ou surnuméraires des ports & arsenaux de Marine, ne seront point employés à la suite des Armées navales, Escadres ou Divisions; & il ne sera point embarqué sur les Vaisseaux, Frégates, Corvettes, Flûtes ou autres Bâtimens appartenans à Sa Majesté, de Commis aux écritures, pour y faire les fonctions qui avoient été attribuées par les Ordonnances antérieures, aux Écrivains de la Marine supprimés par une Ordonnance de ce jour.

2.

Les Majors rempliront les fonctions attribuées aux Intendans, Commissaires généraux ou ordinaires sur les Armées navales, Escadres ou Divisions.

LE Major d'une Armée navale, d'une Escadre ou d'une Division, remplira les fonctions qui étoient ci-devant attribuées à l'Intendant, au Commissaire général ou Commissaire ordinaire, pour tout ce qui concerne les remplacemens de munitions de guerre & de bouche, de mâtures, agrès, apparaux & ustensiles, les versemens d'hommes ou d'effets d'un Vaisseau dans un autre, &

5

l'établiſſement des Hôpitaux, ſoit à terre, ſoit ſur des Bâtimens particuliers deſtinés à cet uſage.

3.

DANS le cas où la deſtination d'une Armée navale, d'une Eſcadre ou d'une Diviſion, exigeroit qu'un Officier fût particulièrement chargé du détail relatif aux objets énoncés dans le précédent article, Sa Majeſté ſe réſerve de nommer un Capitaine de ſes Vaiſſeaux, ou tel autre de ſes Officiers qu'il lui plaira choiſir, pour remplir les fonctions qui étoient attribuées à l'Intendant ou au Commiſſaire ; & dans ce cas le Major ſe renfermera dans les fonctions qui lui ont été attribuées par les Ordonnances antérieures, en ſa qualité de Major des Armées navales.

Cas où il ſera nommé un Capitaine de Vaiſſeau ou autre Officier pour être chargé particulièrement du détail de l'Eſcadre.

4.

L'OFFICIER chargé du détail ſur chaque Vaiſſeau ou autre Bâtiment, remplira les fonctions qui étoient attribuées à l'Écrivain du Vaiſſeau, relativement aux objets mentionnés dans l'article 2, en ſe conformant d'ailleurs à ce qui ſera preſcrit par la préſente Ordonnance.

L'Officier chargé du détail ſur chaque Vaiſſeau, remplira les fonctions d'Écrivain.

5.

IL ſera paſſé des Secrétaires au Major, dans le cas ſeulement où il ſe trouveroit chargé du détail général de l'Armée ou Eſcadre, ou à l'Officier chargé de ce détail, & à chacun des Officiers particuliers chargés du détail ſur chaque Vaiſſeau, Frégate ou autre Bâtiment.

Secrétaires paſſés aux Officiers chargés du détail de l'Armée & de celui de chaque Vaiſſeau ou autre Bâtiment.

S A V O I R ;

À l'Officier chargé du détail général d'une Armée navale ou Eſcadre compoſée de vingt-ſept Vaiſſeaux de ligne & au-deſſus, deux Secrétaires, leſquels ſeront payés, l'un ſur le pied

A iij

de soixante livres, & l'autre sur le pied de cinquante livres par mois.

À celui d'une Escadre au-dessous de vingt-sept Vaisseaux de ligne & au-dessus de quinze, un Secrétaire payé sur le pied de cinquante livres par mois.

À celui d'une Escadre de quinze Vaisseaux de ligne & au-dessous, un Secrétaire payé sur le pied de quarante-cinq livres par mois.

Et à chacun des Officiers chargés du détail sur les Vaisseaux, Frégates, Corvettes & autres Bâtimens, un Secrétaire payé sur le pied de quarante livres par mois.

6.

Passeront les revues, & auront deux rations.

IL sera fourni par le Commis du Munitionnaire, deux rations de vivres, par jour, à chacun desdits Secrétaires, qui seront portés en leur qualité, sur les rôles d'Équipages, & passeront les revues, d'après lesquelles l'Intendant ordonnera le payement de leurs solde & rations.

7.

Les revues générales au départ & à l'arrivée des Vaisseaux, passées par le Commissaire des armemens.

LES revues générales des Équipages, au départ & à l'arrivée des Vaisseaux, continueront d'être passées en la manière accoutumée, par le Commissaire départi au Bureau des armemens & vivres, en présence du Contrôleur, conformément à ce qui est prescrit par l'Ordonnance du 25 mars 1765, *concernant la Marine, Titre LXXIV.*

8.

Les extraits des rôles d'équipages, des vivres, &c. & l'état des effets embarqués sur les Bâtimens de suite, seront remis à l'Officier chargé du détail général.

IL sera remis à l'Officier chargé du détail général d'une Armée, Escadre ou Division, par le Bureau des armemens & vivres, un extrait du rôle d'Équipage de chaque Vaisseau, l'état des vivres & la liste des Passagers; & par le Magasin général, des états visés du Commissaire dudit magasin, des rechanges, munitions, & généralement

de tous les effets embarqués fur les Bâtimens de charge,
deſtinés pour ſuivre l'Armée : Et pendant la Campagne,
fur les comptes qui feront rendus audit Officier, par
les Officiers chargés du détail particulier fur chaque
Vaiſſeau, il verra ce qui pourra manquer à chaque
Bâtiment, & prendra les ordres du Général, pour leur
faire fournir ce dont ils auront befoin.

9.

Il lui fera donné par le Magaſin général, un état de
tous les meubles, médicamens & rafraîchiſſemens qui
auront été embarqués fur les Bâtimens deſtinés à fervir
d'Hôpitaux à la fuite de l'armée.

Il lui fera donné
un état
des médicamens.

1 O.

Il lui fera délivré du Magaſin général, la quantité de
papiers de différentes efpèces, qui aura été réglée par
les états qui feront arrêtés par Sa Majeſté, & un cachet
aux armes du Roi, qu'il remettra au retour de la mer.

Il lui fera délivré,
du Magaſin
général, le papier
néceſſaire pour
la tenue du détail.

1 1.

Il aura foin que dans le cours de la Campagne, les
revues foient exactement faites, après chaque relâche,
par les Officiers chargés du détail fur les Vaiſſeaux; &
qu'il lui en foit remis des extraits fignés d'eux, certifiés
par tous les Officiers de l'État-major, & vifés du Capitaine-
commandant. Il remettra lefdits extraits au Général, qui
les vifera; & lorfque les circonſtances le permettront,
il prendra l'ordre du Général pour faire lui-même ces
revues.

Veillera
à ce que les revues
foient faites
après
chaque relâche.

1 2.

Lorsque le Général jugera à propos d'envoyer à-

Donnera
des billets pour

que les malades
*soient reçus
dans les Bâtimens
servant
d'Hôpitaux.*

bord des Hôpitaux, les malades qui feront dans les Vaiſſeaux, l'Officier chargé du détail de l'Armée, donnera des billets qu'il fera viſer par le Général, pour que leſdits malades y ſoient reçus, & il aura ſoin qu'ils ſoient bien ſecourus de remèdes & de rafraîchiſſemens.

13.

*Pourvoira
à l'établiſſement
des Hôpitaux
à terre,
lorſque le cas
l'exigera.*

S'IL arrivoit qu'après un combat ou quelque accident, il y eût un trop grand nombre de bleſſés & de malades dans les Vaiſſeaux, & que les Bâtimens ſervant d'hôpitaux en fuſſent trop remplis, en ſorte qu'on ne pût les y aſſiſter commodément, & qu'il fût jugé à propos par le Général de l'armée ou par le Conſeil de guerre, de les mettre à terre; l'Officier chargé du détail de l'rmAée, prendra les ordres du Général pour faire toutes les diſpoſitions néceſſaires pour établir des tentes, ou préparer des logemens dans les lieux les plus proches du mouillage.

14.

*Fera un état
des vivres
&
rafraîchiſſemens
à tirer
des Vaiſſeaux
pour le ſervice
des Hôpitaux.*

Pour cet effet, il formera un état qu'il ſignera, & au bas duquel ſera l'ordre du Général, pour tirer des Vaiſſeaux les rafraîchiſſemens & remèdes néceſſaires, à proportion du nombre des bleſſés & des malades que chacun aura; il fera veiller, par les Officiers chargés du détail ſur chaque Vaiſſeau, à ce que les Commis à la diſtribution des vivres, n'en débarquent que la quantité qui ſera ordonnée.

15.

*Se tranſportera
ſur les priſes.*

SI les Vaiſſeaux de l'Armée ont fait des priſes ſur les Ennemis, il ſe tranſportera ſur leſdites priſes où ſe rendront de leur côté les Officiers chargés du détail particulier des Vaiffeaux auxquels les Bâtimens fe feront rendus. Il examinera s'il n'en a rien été diverti, & donnera les ordres du Général auxdits Officiers, pour que tout ce qui eft ordonné par Sa Majefté fur ce fujet, foit exactement exécuté.

16.

LORSQUE le Général eftimera néceffaire de faire des répartitions d'Équipages ou de munitions fur les Vaiffeaux, l'Officier chargé du détail de l'Armée, en formera les états, conformément aux ordres qu'il aura reçus du Général ; & ce qui devra être tiré des uns & verfé dans les autres, ne fera délivré ou reçu, qu'en conféquence de l'ordre par écrit que le Général mettra au bas defdits états.

Formera l'état de répartition d'équipages & de munitions pendant la Campagne.

17.

S'IL eft jugé néceffaire par le Général, de faire des rafraîchiffemens ou des achats pour approvifionnemens & radoubs, l'Officier chargé du détail de l'Armée fera chargé de faire dreffer les états defdits rafraîchiffemens ou approvifionnemens, conformément aux demandes qui en auront été faites par écrit, par l'Officier commandant chaque Vaiffeau ou autre Bâtiment.

Remplacemens & achats dans les lieux de relâche.

18.

SI l'Armée a relâché dans un Port de quelqu'une des Colonies fous la domination de Sa Majefté, lefdits états, fignés de l'Officier chargé du détail de l'Armée, & vifés du Général, feront remis à l'Intendant de la Colonie, & lefdits Général & Intendant fe concerteront enfemble & avec le Commandant général de la Colonie, fur les moyens de pourvoir aux befoins de l'Armée. L'Intendant

Cas de relâche dans les Colonies.

paſſera & arrêtera les marchés relatifs à l'approviſion-
nement de l'Armée, en préſence du Général, s'il juge
à propos d'y aſſiſter, de l'Officier chargé du détail de
l'Armée, & des Capitaines ou Officiers commandant
les Vaiſſeaux ou autres Bâtimens, & à leur défaut, des
Officiers chargés, ſous leurs ordres, du détail; leſquels
tous ſigneront au bas deſdits marchés, qui ſeront viſés
par le Général : Leſdits marchés ſeront faits doubles &
il en ſera remis une copie au Général. Tous les approviſionnemens ſeront remis à l'Officier chargé du détail
de l'Armée, & il en ſera dreſſé trois états appréciés ; le
premier, des Effets tirés des magaſins de la Colonie,
deſquels ledit Officier donnera ſon reçu, viſé du Général,
au Garde - magaſin ; le deuxième, des Munitions &
Marchandiſes, autres que les Comeſtibles, fournies à
l'Armée en conſéquence des marchés; & le troiſième,
des Comeſtibles : leſquels deux derniers états ſeront
certifiés par ledit Officier chargé du détail général, &
viſés du Général de l'Armée & de l'Intendant de la
Colonie; & leſdits états ſeront faits doubles, pour l'une
des deux expéditions être remiſe audit Intendant, &
l'autre reſter entre les mains dudit Officier chargé du
détail général. Les vivres & effets achetés ou provenans
des Magaſins appartenans à Sa Majeſté, ſeront diſtribués
aux Vaiſſeaux, conformément aux états de demande &
aux ordres du Général, & il en ſera donné à l'Officier
chargé du détail général de l'Armée, par les Officiers
chargés du détail ſur chaque Vaiſſeau ou autre Bâtiment,
des certificats de réception, viſés du Capitaine ou
Officier commandant.

19.

S I l'Armée a relâché dans un Port étranger, où réfide un Conful pour Sa Majefté, ledit Conful fera chargé, conjointement avec l'Officier chargé du détail général, de pourvoir à l'approvifionnement de l'Armée, conformément aux états qui auront été vifés par le Général: Les marchés feront paffés & arrêtés par ledit Conful, & il en fera ufé du refte, ainfi qu'il eft prefcrit par l'article précédent.

Cas de relâche dans un Port étranger où réfide un Conful.

2 0.

S I l'Armée a relâché dans un Port étranger où Sa Majefté n'entretienne pas de Conful, l'Officier chargé du détail général, pourvoira à tous les befoins de l'Armée, en conformité des ordres qu'il aura reçus du Général: il paffera & arrêtera tous les marchés en préfence des Capitaines commandant les Vaiffeaux, ou à leur défaut, des Officiers chargés du détail, & en fe conformant d'ailleurs à tout ce qui eft prefcrit par l'article 18; l'Officier chargé du détail général rapportera les marchés & quittances en bonne forme des Fourniffeurs; il prendra au furplus toutes les précautions qui paroîtront les plus convenables pour affurer les intérêts de Sa Majefté.

Cas de relâche dans les Ports où le Roi n'entretient point de Conful.

2 1.

D ANS tous les cas, le compte général qui fera formé de toutes les Denrées ou Effets achetés pour le compte de l'Armée, fera vifé par le Général, à peine de nullité.

Compte général vifé par le Général.

2 2.

S I l'Armée relâche dans un Port du Royaume où réfident un Commandant de la Marine & un Intendant ou Commissaire Ordonnateur, il en sera usé, pour les remplacemens à faire, ainsi qu'il est prescrit pour les armemens, par l'Ordonnance de ce jour, *concernant la Régie & Administration générale & particulière des Ports & Arsenaux de Marine.*

23.

Les fonds qui seront faits à l'armée, seront remis au Major.

Si Sa Majesté juge à propos qu'il soit fait des fonds à l'Armée pour les approvisionnemens ou remplacemens à faire dans le cours de la Campagne, ces fonds seront remis à l'Officier chargé du détail de l'Armée, sur l'ordre de l'Intendant du Port, adressé au Commis du Trésorier général de la Marine; & ledit Officier en donnera au Commis dudit Trésorier, un récépissé qui sera visé du Général.

24.

Par qui les Lettres de change seront tirées.

Si les besoins de l'Armée exigent qu'il soit tiré des Lettres de change pour le payement des approvisionnemens ou remplacemens nécessaires, elles seront tirées par l'Intendant de la Colonie ou par le Consul du Port où l'armée aura relâché; & dans les Ports étrangers où il n'y aura pas de Consul, par l'Officier chargé du détail général, soit sur le Caissier du Munitionnaire général des vivres, soit sur le Trésorier général de la Marine, suivant la nature des approvisionnemens; lesdites Lettres de change seront visées par le Général, qui en donnera avis, par la plus prompte voie, au Secrétaire d'État ayant le département de la Marine.

25.

L'Officier chargé du détail général, remettra

Au retour de la mer, l'Officier chargé du détail général de l'Armée, remettra au Conseil de Marine, ſes regiſtres, ainſi que les procès-verbaux de marchés ou achats de Munitions ou Effets, les quittances des Fourniſſeurs, les certificats de réception des Officiers chargés du détail ſur chaque Vaiſſeau, & toutes autres pièces ſervant à juſtifier des remplacemens & des dépenſes dont il aura été chargé, afin que leſdites pièces ſoient examinées dans le Conſeil, & qu'il en ſoit rendu compte à Sa Majeſté, conformément à ce qui eſt preſcrit par l'Ordonnance de ce jour, *concernant la Régie & Adminiſtration générale & particulière des Ports & Arſenaux de Marine, titre XVIII, du Conſeil de Marine permanent.*

les regiſtres, procès-verbaux, &c. au Conſeil de Marine.

26.

IL ſera remis du Magaſin général, à l'Officier chargé du détail d'un Vaiſſeau ou autre Bâtiment, un inventaire double, viſé du Commiſſaire du Magaſin général, de tous les agrès, apparaux, uſtenſiles & munitions ordonnés pour l'armement dudit Vaiſſeau, & un regiſtre coté & paraphé par l'Intendant du Port, ſur lequel ſe trouvera tranſcrit ledit inventaire.

Il ſera remis du Magaſin général, à l'Officier chargé du détail d'un Vaiſſeau, un double inventaire d'armement.

27.

IL lui ſera pareillement remis des feuilles ſéparées de l'article de chacun des Maîtres, viſées du Commiſſaire du Magaſin général, leſquelles l'Officier chargé du détail ſignera & remettra à chacun deſdits Maîtres, afin que ſur la préſentation d'icelles, il leur ſoit délivré du Magaſin, les divers uſtenſiles & munitions y mentionnées; & il ſera préſent par lui-même, ou par un Officier du Vaiſſeau que le Capitaine aura nommé, à la délivrance & réception deſdits Effets.

L'Officier chargé du détail, remettra à chacun des Maîtres, la feuille des effets dont ils ſont chargés.

28.

Remettra
un double de
l'Inventaire, au
Garde-magasin.

LES Uftenfiles & Munitions ayant été délivrés, il remettra un des doubles de l'inventaire, figné de lui & vifé du Capitaine, au Garde-magafin pour lui fervir de décharge.

29.

Fera figner
fur le regiftre,
& obliger
les Maîtres
pour
ce qu'ils auront reçu.

IL fera enfuite figner & obliger chacun des Maîtres, à fon article, fur le regiftre qu'il aura reçu du Magafin général. Lefdits Maîtres feront tenus de lui rendre jour-nellement compte des chofes qui fe confommeront, & de lui en remettre chaque mois un état par écrit figné d'eux. Il emploiera exactement dans ledit regiftre toutes les confommations, lefquelles feront par lui arrêtées & fignées tous les mois, & vifées par le Capitaine ou Officier - commandant.

30.

Aura
l'état des remèdes
dont le Chirurgien
lui rendra compte.

IL lui fera remis un état des remèdes fimples & com-pofés, drogues, onguens & uftenfiles, contenus aux coffres de Chirurgie dont la vifite aura été faite, confor-mément à ce qui eft ordonné par Sa Majefté, en préfence d'un Officier du Vaiffeau, nommé à cet effet par le Capitaine, & dont la clef aura été remife entre les mains de l'Officier chargé du détail, pour n'être rendue au Chirurgien, que lorfque le Vaiffeau fera fous voile. Il fera rendu compte chaque jour audit Officier de détail, par le Chirurgien, de la confommation des médicamens & uftenfiles, lequel compte ledit Officier arrêtera & fignera tous les mois, & fera vifer par le Capitaine-commandant.

31.

IL recevra du Bureau des armemens & vivres, un rôle

exact des Officiers-majors, Gens de mer & autres dont l'Équipage fera compofé ; dans lequel rôle il fera fait mention du jour que les appointemens & la folde auront commencé, fur quel pied ils doivent être payés à chacun, & des avances qui auront été faites ; une lifte des Paffagers, de quelque qualité qu'ils puiffent être ; & un état des munitions de bouche qui feront embarquées par le Munitionnaire général ; & du tout il remettra une copie au Capitaine.

Recevra du Bureau des armemens, claffes & vivres, le rôle d'équipage, la lifte des paffagers & un état des vivres.

3 2.

IL lui fera remis par le Contrôleur, des modèles imprimés, ou protocoles de Teftament, de Procès-verbal & de Lettres de change, auxquels il fe conformera, lorfque le cas requerra qu'il en faffe ufage. Il lui fera pareillement remis du Magafin général, la quantité de papier de différentes efpèces, qui aura été réglée par les états qui feront arrêtés par Sa Majefté, & un cachet aux armes du Roi, qu'il remettra au retour de la mer.

Recevra un modèle de teftament, de procès-verbal, &c. & le papier néceffaire pour la tenue de fon détail.

3 3.

SI après la revue générale, pendant que le Vaiffeau fera en rade, quelqu'un des gens de l'Équipage fe trouve hors d'état de faire la Campagne, par maladie ou accident, l'Officier chargé du détail, enverra au Bureau des armemens un billet figné de lui, certifié du Chirurgien & vifé du Capitaine, dans lequel feront marqués le nom, le fignalement, l'état des hardes du malade & le genre de fa maladie : le Bureau des armemens portera ledit billet fur fon regiftre, & le fera paffer au Bureau de l'hôpital où le malade fera conduit par le Chirurgien du Vaiffeau, qui expofera l'état de la maladie, & fera chargé

Donnera des billets pour les malades qui devront être reçus à l'Hôpital.

de remettre à l'Hôpital les hardes dudit malade : le Bureau des armemens en fera le remplacement fur le Vaiffeau, en ayant foin de marquer fur le billet qui fera remis à l'Officier chargé du détail, le nom de celui à qui le nouveau venu fera fubftitué ; & ledit Officier donnera un certificat de l'arrivée de celui-ci à bord, lequel fera vifé du Capitaine-commandant. Si le Vaiffeau fait partie d'une Efcadre, le Capitaine prendra les ordres du Général avant que d'ordonner que le malade foit débarqué, & l'Officier chargé du détail fur le Vaiffeau, remettra à l'Officier chargé du détail général de l'Efcadre, une copie du billet qui lui aura été envoyé par le Bureau des armemens.

34.

Arrêtera & fera tous les huit jours, l'évaluation des rations fournies.

L'OFFICIER chargé du détail, fera infcrire fur un regiftre le rôle des Gens de mer & autres nourris par le Munitionnaire, arrêtera tous les mois toutes les rations qui leur auront été fournies, & en fera au bas l'évaluation en denrées de chaque nature ; & l'arrêté du compte, figné de lui, fera vifé par le Capitaine.

35.

Fera mention fur les rôles, des changemens.

PENDANT le voyage, ledit Officier marquera fur le rôle qui lui aura été remis du Bureau des armemens, les divers changemens qui arriveront dans l'Équipage, le jour & le lieu de la mort, de la défertion, ou de la deftination fur un autre Vaiffeau, de ceux qui ne s'y trouveront plus, ou le jour de l'arrivée de ceux qui y auront été verfés par un autre Bâtiment; & ledit rôle fera vifé du Capitaine.

36.

APRÈS chaque relâche, & auſſi ſouvent que le Capitaine l'ordonnera , il ſera la revue de l'Equipage , à
laquelle aſſiſteront tous les Officiers de l'État - major,
leſquels en certifieront l'extrait qui ſera viſé du Capitaine;
& ſi le Vaiſſeau fait partie d'une Armée, Eſcadre ou
Diviſion, il remettra à l'Officier chargé du détail général,
un extrait de la revue, dans lequel ſeront ſpécifiés les
mouvemens ou changemens ſurvenus depuis la revue
générale.

Fera les revues
de l'Équipage ,
dans le cours
des Campagnes.

37.

TOUTES les demandes qui feront faites pendant la
Campagne, pour remplacemens de conſommations ou
ſupplémens, ou pour rafraîchiſſemens, ſeront ſignées de
lui, & viſées du Capitaine-commandant, pour être
remiſes à l'Officier chargé du détail général de l'Armée
ou Eſcadre ; & ſi le Vaiſſeau a été expédié pour une
miſſion particulière, & qu'il ſoit néceſſaire de faire des
remplacemens ou achats dans les colonies Françoiſes,
dans un Port étranger, ou dans un Port du royaume, le
Capitaine & l'Officier chargé du détail, ſe conformeront,
chacun pour ce qui le concerne, à ce qui eſt preſcrit
par la préſente Ordonnance, en pareil cas, au Général
& à l'Officier chargé du détail de l'Armée.

Remplacemens
& achats
pendant
la Campagne.

38.

L'OFFICIER chargé du détail, aura une attention
particulière à porter ſur les regiſtres, tous les uſtenſiles
& munitions qui ſeront fournis au Vaiſſeau, en remplacement ou ſupplément, pendant la Campagne, d'en
ſigner l'arrêté & de le faire viſer par le Capitaine : Et ſi

Les portera
exactement
ſur les regiſtres.

le Vaiſſeau fait partie d'une Armée, Eſcadre ou Diviſion, il ſera pareillement viſer par le Capitaine tous les reçus qu'il en donnera à l'Officier chargé du détail général.

39.

Dreſſera procès-verbal des conſommations de matières, &c.

LORSQU'IL arrivera quelque accident conſidérable dans le Vaiſſeau, qui donnera lieu à des conſommations de mâtures, de cables, d'ancres, & autres de cette conſéquence, il en dreſſera un procès-verbal, qu'il ſignera conjointement avec l'Officier principal de quart, fera certifier par tous les autres Officiers de l'État-major, & viſer par le Capitaine.

40.

Remettra après le combat, à l'Officier chargé du détail général, l'extrait de l'Équipage, &c.

APRÈS le combat, il remettra à l'Officier chargé du détail général de l'Armée ou Eſcadre, un extrait certifié de tous les Officiers, & viſé du Capitaine, de l'Équipage exiſtant; il écrira au bas, nom par nom, les tués & les bleſſés. Il remettra audit Officier un état en même forme, des rechanges qui reſteront à bord après que le Vaiſſeau aura été regréé & réparé.

41.

Mettra le ſcellé ſur les priſes.

SI le Vaiſſeau fait une priſe ſur l'Ennemi, l'Officier chargé du détail, ſera envoyé à bord du Bâtiment, pour empêcher qu'il n'en ſoit rien détourné, & ſera accompagné par le premier Enſeigne; il fera un inventaire abrégé du corps & des agrès du Bâtiment; il fera fermer les écoutilles, les armoires, les chambres, & y appoſera le cachet de Sa Majeſté; & ſi le Vaiſſeau fait partie d'une Armée ou Eſcadre, ledit Officier recevra les ordres du Général, par l'Officier chargé du détail de l'Armée, lequel doit de ſon côté ſe tranſporter à bord de ladite priſe.

42.

SI quelqu'un des Officiers ou Gens de l'Équipage & Paſſagers, étant à la mer, veut faire ſon teſtament, ſes dernières volontés ſeront reçues, écrites & ſignées par l'Officier chargé du détail, ſur ſon regiſtre, en préſence de l'Officier principal de quart, qui les ſignera auſſi, & le Capitaine en certifiera la date; & en cas de mort, le teſtament ſera exécuté comme s'il eût été fait dans les formes preſcrites & qui s'obſervent dans les villes du Royaume; ledit teſtament ſera dépoſé au Contrôle de la Marine, au retour de la mer.

Teſtament fait à bord.

43.

LES inventaires des hardes de tous Officiers, Gardes du Pavillon & de la Marine, Aumôniers, Chirurgiens, Gens de l'Équipage & Paſſagers, qui viendront à mourir pendant la campagne, ſeront faits par l'Officier chargé du détail général de l'Armée ou Eſcadre, ou à ſon défaut, par l'Officier chargé du détail dans chaque Vaiſſeau, ſur le Gaillard d'arrière, en préſence de tous les Officiers & Équipages; leſdits inventaires ſeront ſignés par l'Officier qui les aura faits, & par l'Officier principal de quart, certifiés par tous les autres, & viſés par le Capitaine-commandant.

Inventaires des hardes des Officiers, Gardes & tous autres morts pendant la campagne.

44.

SI la nature des effets conſtatés par leſdits inventaires, permet de les garder ſans en craindre le dépériſſement, ils ſeront renfermés dans des malles ou ſacs, ſur leſquels l'Officier qui aura fait l'inventaire, appoſera le cachet de Sa Majeſté: Mais ſi l'on juge néceſſaire de les vendre, pour en éviter le dépériſſement ou pour procurer des

Appoſition de ſcellé ou vente des effets.

hardes aux Matelots qui pourroient en manquer, la vente en sera faite publiquement sur le Gaillard-d'arrière ; & l'état qui constatera le produit de ladite vente, sera revêtu des formes ci-dessus prescrites pour les inventaires.

45.

Les hardes des Officiers & autres personnes mortes à bord, ou le produit de la vente d'icelles, seront gardés en dépôt pendant la Campagne, par les soins de l'Officier chargé du détail de l'Armée, ou à son défaut, de l'Officier chargé du détail dans chaque Vaisseau ; & seront remis par lui, au retour de la mer, ainsi que les inventaires & les états & produits des ventes,

Les hardes ou le produit de la vente, à qui remis au retour de la mer.

S A V O I R ;

Ceux des Officiers & des Gardes du Pavillon ou de la Marine, au Major de la Marine & des Armées navales :

Ceux des Soldats, au Major de la division du Corps royal d'Infanterie de la Marine :

Ceux des Aumôniers, des Chirurgiens & des gens de l'Équipage, au Bureau des armemens :

Et ceux des Passagers, aux ordres des Intendans des Colonies, ou de ceux des Ports :

Pour lesdites hardes ou produits de la vente d'icelles, être gardés en dépôt jusqu'à ce qu'ils soient réclamés par les familles des morts.

46.

Veillera à ce qu'aucun effet ne soit détourné, pendant le désarmement.

Lorsque le Vaisseau sera rentré dans le Port pour désarmer, l'Officier chargé du détail veillera à ce qu'il ne soit détourné aucun des effets appartenans à Sa Majesté, & que rien ne soit brisé ni dissipé.

47.

Il fera porter au Magasin général, les coffres de remèdes

qu'il aura fermés en préfence du Capitaine & du Chirurgien, auffitôt que le Vaiffeau aura été de retour en rade;
& il en fera ufé pour lefdits remèdes remis au Magafin,
ainfi qu'il eft ordonné par Sa Majefté.

48.

L'OFFICIER chargé du détail veillera à ce que tout
foit rapporté dans les magafins, ainfi qu'il eft prefcrit par
l'Ordonnance de ce jour, *concernant la Régie & Adminif-*
tration générale & particulière des Ports & Arfenaux de
Marine, & affiftera par lui-même ou par un Officier que
le Capitaine aura nommé, à la remife qui fera faite de
tous les agrès, apparaux, uftenfiles & munitions provenant du défarmement.

49.

IL fe fera rapporter les reçus que le Garde-magafin
aura donnés aux divers Maîtres, lors de la remife qu'ils
auront faite des Effets provenant du défarmement, afin
qu'il puiffe juftifier de la remife defdits Effets, lorfqu'il
comptera au magafin général.

Se fera rapporter
les reçus du
Garde-magafin,
donnés aux
divers Maîtres.

50.

IL fera rendre compte à chaque Maître, en préfence
du Capitaine, des chofes que chacun aura reçues à
l'armement & pendant la Campagne; il vérifiera enfuite,
récapitulera & arrêtera les confommations fur fon regiftre,
au bas de l'article de chaque Maître, lefquels arrêtés feront
fignés de lui & vifés du Capitaine.

Se fera
rendre compte
par
chaque Maître,
vérifiera,
recapitulera
& arrêtera,
les confommations
fur fon regiftre.

51.

IL remettra les inventaires, regiftres, rôles, procès-
verbaux de confommations, marchés paffés pour remplacemens & achats de munitions & toutes autres pièces,

au Conseil de Marine, qui en fera l'examen, conformément à ce qui est prescrit par la susdite Ordonnance de ce jour, au *titre XVIII, du Conseil de Marine permanent.*

5 2.

LES Officiers généraux, commandant les Armées navales, Escadres & Divisions, les Majors ou Officiers chargés du détail général, les Capitaines commandant les Vaisseaux, & les Officiers chargés du détail sur chaque Vaisseau, se conformeront au surplus pour le service à remplir à la mer, dans les ports & rades, & dans le combat, à ce qui leur est prescrit par l'Ordonnance du 25 Mars 1765, *concernant la Marine,* en tout ce qui n'est pas contraire à la présente Ordonnance.

5 3.

VEUT Sa Majesté que la présente Ordonnance soit exécutée selon sa forme & teneur, à commencer du 1.er Décembre prochain ; dérogeant à toutes Ordonnances & Règlemens précédemment rendus, & à toutes instructions, commissions ou brevets contraires à icelle.

MANDE & ordonne Sa Majesté à Mons. le Duc de Penthièvre, Amiral de France, aux Vice-amiraux, Lieutenans généraux, Chefs d'Escadres, Majors de la Marine & des Armées navales, Capitaines & autres Officiers commandant ses Vaisseaux ou autres Bâtimens ; aux Intendans de la Marine & des Colonies, Commissaires généraux ou ordinaires de ses Ports & Arsenaux de Marine, Ordonnateurs ; aux Consuls de France, établis dans les Ports appartenans aux Puissances étrangères, & à tous autres ses Officiers qu'il appartiendra, de tenir la main, chacun en droit foi, à l'exécution de la préfente Ordonnance.

Fait à Verſailles le vingt-ſept ſeptembre mil ſept cent ſoixante-ſeize. *Signé* LOUIS. *Et plus bas,* De Sartine.

LE DUC DE PENTHIÈVRE,
Amiral de France, Gouverneur & Lieutenant général pour le Roi en ſa province de Bretagne.

VU l'Ordonnance du Roi, ci-deſſus & des autres parts, à nous adreſſée : MANDONS aux Vice-amiraux, Lieutenans généraux, Chefs d'Eſcadres, Majors de la Marine & des Armées navales, Capitaines & autres Officiers commandant ſes Vaiſſeaux ou autres Bâtimens; aux Intendans de la Marine & des Colonies, Commiſſaires généraux ou ordinaires des Ports & Arſenaux de Marine, Ordonnateurs, & à tous autres ſes Officiers qu'il appartiendra, chacun en droit foi, de l'exécuter & faire exécuter ſelon ſa forme & teneur. FAIT à Bizy, le vingt-trois octobre mil ſept cent ſoixante-ſeize. *Signé* L. J. M. DE BOURBON. *Et plus bas,* Par ſon Alteſſe ſéréniſſime. *Signé* DE GRANDBOURG.

www.ingramcontent.com/pod-product-compliance
Lightning Source LLC
Chambersburg PA
CBHW070521200326
41519CB00013B/2885